마구로센세의
**히라가나
가타카나
쓰기노트**

마구로센세의 히라가나 가타카나 쓰기노트

최유리 지음

마구로센세와 함께
귀여운 일본어 쓰기

ひらがな

bs
브레인스토어

CHAPTER 1
히라가나 · 가타카나 알아보기

1강 히라가나와 가타카나의 차이 ·················· 7
2강 히라가나 50음도표 ·················· 8
3강 가타카나 50음도표 ·················· 9

CHAPTER 2
히라가나 · 가타카나 한 글자씩 써 보기

1강 히라가나 あ · 가타카나 ア행 ·················· 11
2강 히라가나 か · 가타카나 カ행 ·················· 23
3강 히라가나 さ · 가타카나 サ행 ·················· 35
4강 히라가나 た · 가타카나 タ행 ·················· 47
5강 히라가나 な · 가타카나 ナ행 ·················· 59
6강 히라가나 は · 가타카나 ハ행 ·················· 71
7강 히라가나 ま · 가타카나 マ행 ·················· 83
8강 히라가나 や · 가타카나 ヤ행 ·················· 95
9강 히라가나 ら · 가타카나 ラ행 ·················· 103
10강 히라가나 わ행 그리고 ん
　　· 가타카나 ワ행 그리고 ン ·················· 115

CHAPTER 3
히라가나 · 가타카나 완성하기

1강 헷갈리기 쉬운 글자 **125**

2강 탁음과 반탁음 **132**

3강 요음 **147**

4강 촉음과 발음 **166**

5강 장음 **172**

CHAPTER 1
히라가나 · 가타카나 알아보기

1강 히라가나와 가타카나의 차이

강의 바로 가기

일본어는
ひらがな(히라가나), カタカナ(가타카나), 漢字(한자)
세 종류의 문자를 사용해요.

❶ 히라가나

일본어의 가장 기본 문자로, 총 46개 글자가 있으며 모든 일본어와 한자 발음을 표기할 수 있어요.

❷ 가타카나

한자의 일부를 차용해서 만든 글자로 외래어를 표기하거나 의성어, 의태어, 또는 문장에서 특별히 강조하고 싶은 단어에 사용해요.

❸ 한자(漢字)

단어나 문장의 내용을 전달하기 위해 한자로 표기하는 경우가 많아요.

2강  히라가나 50음도표

강의 바로 가기

히라가나는 일본어의 가장 기본 문자입니다.
오십음도이지만 실제 사용되지 않는 것을 빼면 46개예요.

50음도

	あ단	い단	う단	え단	お단
あ행	あ a 아	い i 이	う u 우	え e 에	お o 오
か행	か ka 카	き ki 키	く ku 쿠	け ke 케	こ ko 코
さ행	さ sa 사	し shi 시	す su 스	せ se 세	そ so 소
た행	た ta 타	ち chi 치	つ tsu 츠	て te 테	と to 토
な행	な na 나	に ni 니	ぬ nu 누	ね ne 네	の no 노
は행	は ha 하	ひ hi 히	ふ fu 후	へ he 헤	ほ ho 호
ま행	ま ma 마	み mi 미	む mu 무	め me 메	も mo 모
や행	や ya 야		ゆ yu 유		よ yo 요
ら행	ら ra 라	り ri 리	る ru 루	れ re 레	ろ ro 로
わ행	わ wa 와				を wo 오
					ん n ㄴ

3강 가타카나 50음도표

강의 바로 가기

가타카나는
외래어나 의성어 · 의태어, 강조하고 싶은 단어에 쓰이며
히라가나와 마찬가지로 46개예요.

50음도

	ア단	イ단	ウ단	エ단	オ단
ア행	ア a 아	イ i 이	ウ u 우	エ e 에	オ o 오
カ행	カ ka 카	キ ki 키	ク ku 쿠	ケ ke 케	コ ko 코
サ행	サ sa 사	シ shi 시	ス su 스	セ se 세	ソ so 소
タ행	タ ta 타	チ chi 치	ツ tsu 쯔	テ te 테	ト to 토
ナ행	ナ na 나	ニ ni 니	ヌ nu 누	ネ ne 네	ノ no 노
ハ행	ハ ha 하	ヒ hi 히	フ fu 후	ヘ he 헤	ホ ho 호
マ행	マ ma 마	ミ mi 미	ム mu 무	メ me 메	モ mo 모
ヤ행	ヤ ya 야		ユ yu 유		ヨ yo 요
ラ행	ラ ra 라	リ ri 리	ル ru 루	レ re 레	ロ ro 로
ワ행	ワ wa 와				ヲ wo 오
					ン n ㄴ

CHAPTER 2
히라가나 · 가타카나 한 글자씩 써 보기

TIP!

한글 발음 표기 중, 장음은 -로 표기했어요.
장음이란 「あ·い·う·え·お」단 뒤에
あ행(あ· い· う· え· お)이 오면 あ행의 발음을 생략하고
앞에 오는 글자를 길게 발음하는 것을 말해요.
그리고 가타카나 뒤에 「ー」가 오면
앞의 글자를 길게 발음하는 것도 장음이에요.

1강

히라가나 あ행
가타카나 ア행

강의 바로 가기

✏️ 한 눈에 보기

	아	이	우	에	오
히라가나	あ	い	う	え	お
가타카나	ア	イ	ウ	エ	オ

✏️ 단어장

단어	발음	뜻
あさごはん	아사고항	아침밥
アイスコーヒー	아이스코-히-	아이스커피
いくら	이꾸라	얼마
インターネット	인따-넷또	인터넷
うれしい	우레시-	기쁘다
ウイスキー	우이스끼-	위스키
えび	에비	새우
エレベーター	에레베-따-	엘리베이터
おいしい	오이시-	맛있다
オムレツ	오므레쯔	오믈렛

1강

✏️ **한 글자씩 써 보기** 히라가나 あ

우리말의 '아'와
비슷하게 발음하며,
3획은 둥글게 돌려서 쓰세요.

✏️ 따라 써 보자!

あ　あ　あ　あ　あ　あ

✏️ 단어로 외워보자!

あさごはん　아침밥
아 사 고 항

あさごはん

あさごはん　あさごはん　あさごはん

あさごはん　あさごはん　あさごはん

✏️ 문장으로 외워보자!

あさごはんを たべましょう。 아침밥을 먹읍시다.
아 사 고 항 오　타 베 마 쇼-

12 마구로센세의 히라가나 가타카나 쓰기노트

1강

✏️ **한 글자씩 써 보기** 가타카나 ア

우리말의 '아'와 비슷하게 발음하며, 2획은 가운데 중심에서 비스듬히 왼쪽으로 내려그어서 쓰세요.

✏️ 따라 써 보자!

ア　ア　ア　ア　ア　ア

✏️ 단어로 외워보자!

アイスコーヒー 아이스커피
아　이　스　코　-　히　-

アイスコーヒー
アイスコーヒー　　アイスコーヒー
アイスコーヒー　　アイスコーヒー

✏️ 문장으로 외워보자!

アイスコーヒー ください。 아이스커피 주세요.
아　이　스　코　-　히　-　쿠　다　사　이

✏️ **한 글자씩 써 보기** 히라가나 い

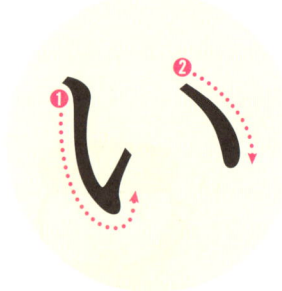

우리말의 '이'와
비슷하게 발음하며,
입술을 양옆으로 당기지 않도록
가볍게 발음하세요.
왼쪽 획은 길고
오른쪽 획은 짧게 쓰세요.

✏️ 따라 써 보자!

い　い　い　い　い　い

✏️ 단어로 외워보자!

いくら 얼마
이 꾸 라

いくら

いくら　いくら　いくら

いくら　いくら　いくら

✏️ 문장으로 외워보자!

いくらですか。얼마예요?
이 꾸 라 데 스 까

14 마구로센세의 히라가나 가타카나 쓰기노트

1강

✏️ **한 글자씩 써 보기** 가타카나 イ

우리말의 '이'와 비슷하게 발음하며, 입술을 양옆으로 당기지 않도록 가볍게 발음하세요. 2획은 가운데 중심에서 아래로 내려 쓰세요.

✏️ 따라 써 보자!

イ イ イ イ イ イ

✏️ 단어로 외워보자!

インターネット 인터넷
  인 따 - 넷 또

インターネット

インターネット   インターネット

インターネット   インターネット

✏️ 문장으로 외워보자!

インターネットを つかう。 인터넷을 사용하다.
  인 따 - 넷 또 오 츠 까우

✏️ **한 글자씩 써 보기** 히라가나 3

우리말의
'우'와 '으' 중간 발음이며,
입술을 동그랗게 모으지 않은 채
발음하세요.
2획을 둥근 모양으로 쓰세요.

✏️ 따라 써 보자!

う　う　う　う　う　う

✏️ 단어로 외워보자!

うれしい 기쁘다
　우　래　시 -

うれしい

うれしい　　うれしい　　うれしい

うれしい　　うれしい　　うれしい

✏️ 문장으로 외워보자!

うれしいです。 기뻐요.
우 래 시 - 데 스

1강

✏️ **한 글자씩 써 보기** 가타카나 ウ

우리말의 '우'와 '으' 중간 발음이며, 입술을 동그랗게 모으지 않은 채 발음하세요. 3획은 비스듬히 꺾어 내려그어서 쓰세요.

✏️ 따라 써 보자!

ウ　ウ　ウ　ウ　ウ　ウ

✏️ 단어로 외워보자!

ウイスキー 위스키
우 이 스 끼 -

ウイスキー
ウイスキー　ウイスキー　ウイスキー
ウイスキー　ウイスキー　ウイスキー

✏️ 문장으로 외워보자!

ウイスキーが すきです。 위스키를 좋아해요.
우 이 스 끼 - 가 스 끼 데스

✏️ **한 글자씩 써 보기** 히라가나 え

우리말의 '에'와 비슷하게 발음하며, 2획은 한 번에 이어서 쓰세요.

✏️ 따라 써 보자!

え　え　え　え　え　え

✏️ 단어로 외워보자!

えび 새우
에 비

え び
え び　　え び　　え び
え び　　え び　　え び

✏️ 문장으로 외워보자!

えびは たかい。 새우는 비싸다.
에비와 타까이

1강

✏️ **한 글자씩 써 보기** 가타카나 エ

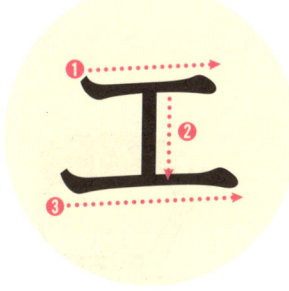

우리말의 '에'와 비슷하게 발음하며, 세로획이 정중앙에 오게 쓰세요.

✏️ 따라 써 보자!

エ　エ　エ　エ　エ　エ

✏️ 단어로 외워보자!

エレベーター 엘리베이터
　에　레　베 - 따 -

エレベーター

エレベーター　　　エレベーター

エレベーター　　　エレベーター

✏️ 문장으로 외워보자!

エレベーターはどこですか。엘리베이터는 어디인가요?
에 레 베 - 따 - 와 도 꼬 데 스 까

1강

✏️ **한 글자씩 써 보기** 히라가나 お

우리말의 '오'와 비슷하게 발음하며, 입술이 너무 동그랗게 되지 않도록 가볍게 발음하세요. 2획은 수직선으로 길게 내려그은 다음 올리며 둥글게 쓰세요.

✏️ 따라 써 보자!

お　お　お　お　お　お

✏️ 단어로 외워보자!

おいしい 맛있다
오　이　시 -

おいしい

おいしい　おいしい　おいしい

おいしい　おいしい　おいしい

✏️ 문장으로 외워보자!

おいしいです。맛있어요.
오 이 시 - 데 스

1강

✏️ **한 글자씩 써 보기** 가타카나 オ

우리말의 '오'와 비슷하게 발음하며, 입술이 너무 동그랗게 되지 않도록 가볍게 발음하세요. 3획은 비스듬히 내려서 쓰세요.

✏️ 따라 써 보자!

オ オ オ オ オ オ

✏️ 단어로 외워보자!

オムレツ 오믈렛
오 므 래 쯔

オムレツ

オムレツ　　オムレツ　　オムレツ

オムレツ　　オムレツ　　オムレツ

✏️ 문장으로 외워보자!

オムレツが たべたい。 오믈렛이 먹고 싶어.
오 므 래 쯔 가　타 베 따 이

1. 다시 한번 써 보세요.

あ い う え お

ア イ ウ エ オ

2. 단어의 빈칸을 채우세요.

① 아침밥　　___さごはん [아사고항]

② 아이스커피　___イスコーヒー [아이스코-히-]

③ 얼마　　___くら [이꾸라]

④ 인터넷　　___ンターネット [인따-넷또]

⑤ 기쁘다　　___れしい [우레시-]

⑥ 위스키　　___イスキー [우이스끼-]

⑦ 새우　　___び [에비]

⑧ 엘리베이터　___レベーター [에레베-따-]

⑨ 맛있다　　___いしい [오이시-]

⑩ 오믈렛　　___ムレツ [오므레쯔]

정답 ①あ ②ア ③い ④イ ⑤う ⑥ウ ⑦え ⑧エ ⑨お ⑩オ

2강

히라가나 か행
가타카나 カ행

한 눈에 보기

	카	키	쿠	케	코
히라가나	か	き	く	け	こ
가타카나	カ	キ	ク	ケ	コ

단어장

단어	발음	뜻
かぞく	카조꾸	가족
カメラ	카메라	카메라
きおん	키옹	기온
キロ	키로	킬로(미터/그램)
くるま	쿠루마	차
クーラー	쿠-라-	에어컨
けしき	케시끼	경치
ケーキ	케-끼	케이크
こうつう	코-쯔-	교통
コーラ	코-라	콜라

2강

✏️ **한 글자씩 써 보기** 히라가나 か

우리말의 '카'와 '가' 중간 소리로 발음하며, 단어의 첫 음이 아닌 경우는 '까'로 발음하기도 해요. 1획을 쓸 때 직각이 되지 않도록 둥글게 쓰세요.

✏️ 따라 써 보자!

か　か　か　か　か　か

✏️ 단어로 외워보자!

かぞく 가족
카 조 꾸

かぞく

かぞく　　かぞく　　かぞく

かぞく　　かぞく　　かぞく

✏️ 문장으로 외워보자!

わたしの かぞくです。 저의 가족이에요.
와 따 시 노 카 조 꾸 데 스

2강 한 글자씩 써 보기 가타카나 カ

우리말의 '카'와 '가' 중간 소리로 발음하며, 단어의 첫 음이 아닌 경우는 '까'로 발음하기도 해요. 1획은 꺾어지는 부분을 각지게 쓰세요.

✏️ 따라 써 보자!

カ   カ   カ   カ   カ   カ

✏️ 단어로 외워보자!

カメラ 카메라
카 메 라

カメラ

カメラ　　　カメラ　　　カメラ

カメラ　　　カメラ　　　カメラ

✏️ 문장으로 외워보자!

カメラを みて ください。 카메라를 봐주세요.
카 메 라 오 미 떼 쿠 다 사 이

2강

✏️ **한 글자씩 써 보기** 히라가나 き

우리말의 '키'와 '기' 중간 소리로 발음하며,
단어의 첫 음이 아닌 경우는
'끼'로 발음하기도 해요.
서체에 따라서 「き」로
표기하기도 하며,
이때는 3번과 4번 획을 이어서 쓰세요.

✏️ 따라 써 보자!

き　き　き　き　き　き

✏️ 단어로 외워보자!

きおん 기온
키　옹

✏️ 문장으로 외워보자!

きおんが たかい。 기온이 높다.
키 옹 가 타 까 이

2강

✏️ 한 글자씩 써 보기 가타카나 キ

우리말의 '키'와 '기' 중간 소리로 발음하며, 단어의 첫 음이 아닌 경우는 '끼'로 발음하기도 해요.
1획과 2획은 약간 사선으로 쓰며 3획은 비스듬히 아래로 내려서 쓰세요.

✏️ 따라 써 보자!

キ   キ   キ   キ   キ   キ

✏️ 단어로 외워보자!

キロ 킬로(미터/그램)
키 로

キロ

キロ   キロ   キロ

キロ   キロ   キロ

✏️ 문장으로 외워보자!

なんキロぐらいですか? 몇 킬로 정도예요?
난 키 로 구 라 이 대 스 까

한 글자씩 써 보기 히라가나 く

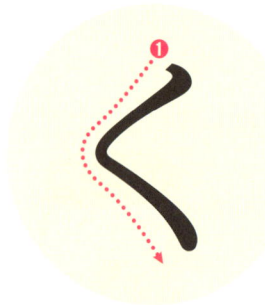

우리말의 '쿠'와 '구' 중간 소리로 발음하며, 단어의 첫 음이 아닌 경우는 '꾸'로 발음하기도 해요.

✏️ 따라 써 보자!

く　く　く　く　く　く

✏️ 단어로 외워보자!

くるま 차
쿠 루 마

くるま

くるま　　くるま　　くるま

くるま　　くるま　　くるま

✏️ 문장으로 외워보자!

くるまに のる。 차에 타다.
쿠 루 마 니　노 루

2강

✏️ **한 글자씩 써 보기** 가타카나 ク

우리말의 '쿠'와 '구' 중간 소리로 발음하며, 단어의 첫 음이 아닌 경우는 '꾸'로 발음하기도 해요. 1획과 2획 모두 길게 비스듬히 내려서 쓰세요.

✏️ 따라 써 보자!

ク　ク　ク　ク　ク　ク

✏️ 단어로 외워보자!

クーラー 에어컨
쿠 - 라 -

クーラー

クーラー　　クーラー　　クーラー

クーラー　　クーラー　　クーラー

✏️ 문장으로 외워보자!

クーラーを つけましょう。 에어컨을 켭시다.
쿠 - 라 - 오 츠께마쇼 -

한 글자씩 써 보기 히라가나 け

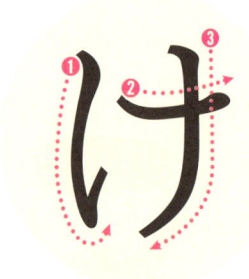

우리말의 '케'와 '게' 중간 소리로 발음하며, 단어의 첫 음이 아닌 경우는 '께'로 발음하기도 해요. 3획은 옆으로 약간 길게 빼서 쓰세요.

따라 써 보자!

け け け け け

단어로 외워보자!

けしき 경치
케 시 끼

けしき

けしき　　けしき　　けしき
けしき　　けしき　　けしき

문장으로 외워보자!

けしきが きれい。 경치가 예쁘다.
케시끼가 키레이

2강

✏️ **한 글자씩 써 보기** 가타카나 ケ

우리말의 '케'와 '게' 중간 소리로 발음하며, 단어의 첫 음이 아닌 경우는 '께'로 발음하기도 해요. 1획과 3획 모두 비스듬히 내려서 쓰세요.

✏️ 따라 써 보자!

ケ　ケ　ケ　ケ　ケ　ケ

✏️ 단어로 외워보자!

ケーキ 케이크
　케 - 끼

ケーキ

ケーキ　　ケーキ　　ケーキ

ケーキ　　ケーキ　　ケーキ

✏️ 문장으로 외워보자!

ケーキが たべたい。 케이크가 먹고 싶어.
케 - 끼가 타베따이

한 글자씩 써 보기 히라가나 こ

우리말의 '코'와 '고' 중간 소리로 발음하며, 단어의 첫 음이 아닌 경우는 '꼬'로 발음하기도 해요. 1획을 2획보다 짧게 쓰세요.

✏️ 따라 써 보자!

こ　こ　こ　こ　こ　こ

✏️ 단어로 외워보자!

こうつう 교통
코 - 쯔 -

こうつう

こうつう　こうつう　こうつう

こうつう　こうつう　こうつう

✏️ 문장으로 외워보자!

こうつうが べんりだ。 교통이 편리하다.
코 - 쯔 - 가 벤리다

2강 한 글자씩 써 보기 가타카나 コ

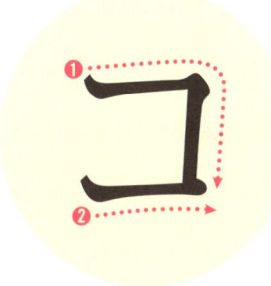

우리말의 '코'와 '고' 중간 소리로 발음하며, 단어의 첫 음이 아닌 경우는 '꼬'로 발음하기도 해요. 2획이 1획을 벗어나지 않게 쓰세요.

✏️ 따라 써 보자!

コ コ コ コ コ コ

✏️ 단어로 외워보자!

コーラ 콜라
코 ー 라

コーラ

コーラ　　コーラ　　コーラ

コーラ　　コーラ　　コーラ

✏️ 문장으로 외워보자!

コーラが のみたい。 콜라가 마시고 싶어.
코 ー 라 가 노 미 따 이

연습하기

1. 다시 한번 써 보세요.

か き く け こ

カ キ ク ケ コ

2. 단어의 빈칸을 채우세요.

① 가족　　　＿＿ぞく [카조꾸]

② 카메라　　＿＿メラ [카메라]

③ 기온　　　＿＿おん [키옹]

④ 킬로　　　＿＿ロ [키로]

⑤ 차　　　　＿＿るま [쿠루마]

⑥ 에어컨　　＿＿ーラー [쿠-라-]

⑦ 경치　　　＿＿しき [케시끼]

⑧ 케이크　　＿＿ーキ [케-끼]

⑨ 교통　　　＿＿うつう [코-쯔-]

⑩ 콜라　　　＿＿ーラ [코-라]

① か ② カ ③ キ ④ キ ⑤ く ⑥ ク ⑦ ク ⑧ ケ ⑨ こ ⑩ コ

3강 히라가나 さ행 가타카나 サ행

강의 바로 가기

한 눈에 보기

	사	시	스	세	소
히라가나	さ	し	す	せ	そ(そ)
가타카나	サ	シ	ス	セ	ソ

단어장

단어	발음	뜻
さくら	사꾸라	벚꽃
サイズ	사이즈	사이즈
しあわせ	시아와세	행복
シンプル	심쁘루	심플
すし	스시	초밥
スポーツ	스뽀-쯔	스포츠
せんたく	센따끄	세탁
セール	세-르	세일
そら	소라	하늘
ソース	소-스	소스

한 글자씩 써 보기 히라가나 さ

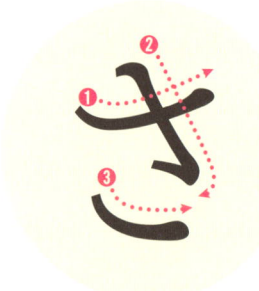

우리말의 '사'와 비슷하게 발음하며, 3획이 너무 멀리 떨어지지 않게 쓰세요. 서체에 따라서「さ」로 표기하기도 해요.

✏️ 따라 써 보자!

✏️ 단어로 외워보자!

さくら 벚꽃
사 꾸 라

さくら

さくら　　さくら　　さくら

さくら　　さくら　　さくら

✏️ 문장으로 외워보자!

さくらの きせつです。 벚꽃의 계절이에요.
사 꾸 라 노　키 세 쯔 데 스

3강

✏️ **한 글자씩 써 보기** 가타카나 サ

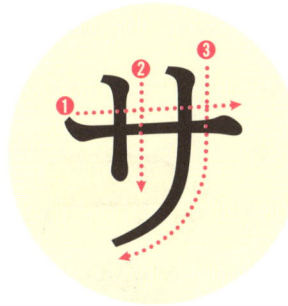

우리말의 '사'와 비슷하게 발음하며, 2획은 똑바로 내려긋고 3획은 비스듬히 내려서 쓰세요.

✏️ 따라 써 보자!

サ サ サ サ サ サ

✏️ 단어로 외워보자!

サイズ 사이즈
사 이 즈

サイズ

サイズ   サイズ   サイズ

サイズ   サイズ   サイズ

✏️ 문장으로 외워보자!

サイズが ちいさいです。 사이즈가 작아요.
사 이 즈 가 치 이 사 이 데 스

3강

✏️ **한 글자씩 써 보기** 히라가나 し

우리말의 '시'와
비슷하게 발음하며,
입술을 양옆으로 당기지 않도록
가볍게 발음해요.
한 획으로 쓰세요.

✏️ 따라 써 보자!

し　し　し　し　し　し

✏️ 단어로 외워보자!

しあわせ 행복
시 아 와 세

しあわせ

しあわせ　　しあわせ　　しあわせ

しあわせ　　しあわせ　　しあわせ

✏️ 문장으로 외워보자!

しあわせな ねこ 행복한 고양이
시 아 와 세 나 네 꼬

3강

✏️ **한 글자씩 써 보기** 가타카나 シ

우리말의 '시'와 비슷하게 발음하며, 입술을 양옆으로 당기지 않도록 가볍게 발음해요.
1, 2, 3획의 시작점이 왼쪽 정렬이 되도록 쓰세요.

✏️ 따라 써 보자!

シ シ シ シ シ シ

✏️ 단어로 외워보자!

シンプル 심플
심 쁘 루

シンプル

シンプル　シンプル　シンプル

シンプル　シンプル　シンプル

✏️ 문장으로 외워보자!

シンプルな デザイン 심플한 디자인
심 쁘 루 나　대 자 잉

3강

✏️ **한 글자씩 써 보기** 히라가나 す

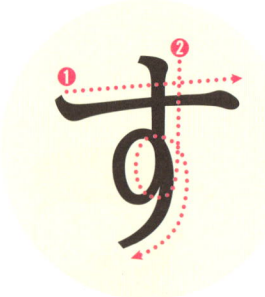

우리말의 '수'와 '스' 중간 발음이며, 입을 너무 아래로 당기지 않도록 가볍게 발음해요. 2획은 내려긋다가 한 바퀴 돌려서 쓰세요.

✏️ 따라 써 보자!

す　す　す　す　す　す

✏️ 단어로 외워보자!

すし 초밥
스　시

すし　　すし　　すし
すし　　すし　　すし

✏️ 문장으로 외워보자!

すしが だいすきです。 초밥을 매우 좋아해요.
스 시가 다이스끼데스

3강

✏️ **한 글자씩 써 보기** 가타카나 ス

우리말의 '수'와 '스' 중간 발음이며, 입을 너무 아래로 당기지 않도록 가볍게 발음해요.
2획은 너무 짧지 않게 쓰세요.

✏️ 따라 써 보자!

ス　ス　ス　ス　ス　ス

✏️ 단어로 외워보자!

スポーツ 스포츠
스 뽀 ― 쯔

スポーツ

スポーツ　　スポーツ　　スポーツ

スポーツ　　スポーツ　　スポーツ

✏️ 문장으로 외워보자!

スポーツが とくいです。 스포츠를 잘해요.
스 뽀 ― 쯔가 도쿠이데스

한 글자씩 써 보기 히라가나 せ

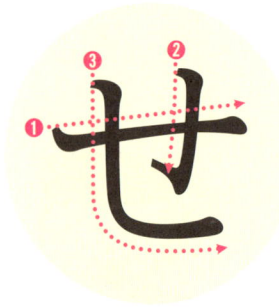

우리말의 '세'와 비슷하게 발음하며, 3획은 각이 지지 않게 둥글게 쓰세요.

✏️ 따라 써 보자!

せ　せ　せ　せ　せ　せ

✏️ 단어로 외워보자!

せんたく　세탁
센   따 꼬

せんたく

せんたく　　せんたく　　せんたく

せんたく　　せんたく　　せんたく

✏️ 문장으로 외워보자!

せんたくをする。 세탁을 하다.
센 따 꼬 오 스 루

3강

한 글자씩 써 보기 가타카나 セ

우리말의 '세'와 비슷하게 발음하며, 1획은 마지막에 살짝 꺾어서 쓰세요.

✏️ 따라 써 보자!

セ　セ　セ　セ　セ　セ

✏️ 단어로 외워보자!

セール 세일
세 - 르

セール

セール　セール　セール

セール　セール　セール

✏️ 문장으로 외워보자!

タイムセール ちゅうです。 타임 세일 중이에요.
타 이 므 세 - 르 쮸 - 데 스

3강

✏️ **한 글자씩 써 보기** 히라가나 そ

우리말의 '소'와 비슷하게 발음하며, 입술이 너무 동그랗게 되지 않도록 가볍게 발음하세요. 서체에 따라서 「そ」로 표기하기도 해요.

✏️ 따라 써 보자!

そ   そ   そ   そ   そ   そ   そ

✏️ 단어로 외워보자!

そら 하늘
소　라

そら

そら   そら   そら

そら   そら   そら

✏️ 문장으로 외워보자!

そらを みあげる。 하늘을 올려보다.
소 라 오 미 아 게 루

📝 한 글자씩 써 보기 가타카나 ソ

우리말의 '소'와 비슷하게 발음하며, 입술이 너무 동그랗게 되지 않도록 가볍게 발음하세요.
1, 2획의 시작점이 위쪽 정렬이 되도록 쓰세요.

✏️ 따라 써 보자!

ソ   ソ   ソ   ソ   ソ   ソ

✏️ 단어로 외워보자!

ソース 소스
소 - 스

ソース

ソース   ソース   ソース

ソース   ソース   ソース

✏️ 문장으로 외워보자!

ソースを かける。소스를 뿌리다.
소 - 스오 카께루

1. 다시 한번 써 보세요.

さ し す せ そ

サ シ ス セ ソ

2. 단어의 빈칸을 채우세요.

① 벚꽃　　　＿＿＿くら [사꾸라]

② 사이즈　　＿＿＿イズ [사이즈]

③ 행복　　　＿＿＿あわせ [시아와세]

④ 심플　　　＿＿＿ンプル [심쁘루]

⑤ 초밥　　　＿＿＿し [스시]

⑥ 스포츠　　＿＿＿ポーツ [스뽀-쯔]

⑦ 세탁　　　＿＿＿んたく [센따끄]

⑧ 세일　　　＿＿＿ール [세-르]

⑨ 하늘　　　＿＿＿ら [소라]

⑩ 소스　　　＿＿＿ース [소-스]

정답 ① さ ② サ ③ し ④ シ ⑤ す ⑥ ス ⑦ せ ⑧ セ ⑨ そ ⑩ ソ

4강

히라가나 た행
가타카나 タ행

강의 바로 가기

한 눈에 보기

	타	치	츠	테	토
히라가나	た	ち	つ	て	と
가타카나	タ	チ	ツ	テ	ト

단어장

단어	발음	뜻
たのしい	타노시-	즐겁다
タンブラー	탐브라-	텀블러
ちず	치즈	지도
チーズ	치-즈	치즈
つゆ	츠유	장마
ツインルーム	츠인 루-ㅁ	트윈 룸
てんき	텡끼	날씨
テレビ	테레비	텔레비전
とけい	토께-	시계
トイレ	토이레	화장실

4강

한 글자씩 써 보기 히라가나 た

우리말의 '타'와 '다' 중간 소리로 발음하며, 단어의 첫 음이 아닌 경우는 '따'로 발음하기도 해요.
2획은 비스듬히 내려쓰세요.

✏️ 따라 써 보자!

た   た   た   た   た   た

✏️ 단어로 외워보자!

たのしい 즐겁다
타 노 시 -

たのしい

たのしい   たのしい   たのしい
たのしい   たのしい   たのしい

✏️ 문장으로 외워보자!

たのしい いちにち 즐거운 하루
타 노 시 - 이찌니찌

4강

✏️ **한 글자씩 써 보기** 가타카나 夕

우리말의 '타'와 '다' 중간 소리로 발음하며, 단어의 첫 음이 아닌 경우는 '따'로 발음하기도 해요. 1획과 2획은 비스듬히 내려서 쓰세요.

✏️ 따라 써 보자!

夕 夕 夕 夕 夕 夕

✏️ 단어로 외워보자!

タンブラー 텀블러
탐 브 라 -

タンブラー

タンブラー　タンブラー　タンブラー
タンブラー　タンブラー　タンブラー

✏️ 문장으로 외워보자!

タンブラーを つかう。 텀블러를 사용하다.
탐 브 라 - 오 츠까우

4강 ✏️ 한 글자씩 써 보기 **히라가나 ち**

우리말의 '치'와 '지' 중간 소리로 발음하며, 단어의 첫 음이 아닌 경우는 '찌'로 발음하기도 해요.

✏️ 따라 써 보자!

ち　ち　ち　ち　ち　ち

✏️ 단어로 외워보자!

ちず 지도
　치　즈

ちず

ちず　　　ちず　　　ちず

ちず　　　ちず　　　ちず

✏️ 문장으로 외워보자!

ちずを みましょうか。 지도를 볼까요?
치 즈 오 미 마 쇼 ― 까

4강 한 글자씩 써 보기 가타카나 チ

우리말의 '치'와 '지' 중간 소리로 발음하며, 단어의 첫 음이 아닌 경우는 '찌'로 발음하기도 해요. 3획은 비스듬히 세로로 그어서 쓰세요.

✏️ 따라 써 보자!

チ チ チ チ チ チ

✏️ 단어로 외워보자!

チーズ 치즈
치 - 즈

チーズ
チーズ　　チーズ　　チーズ
チーズ　　チーズ　　チーズ

✏️ 문장으로 외워보자!

チーズを のせる。 치즈를 올리다.
치 - 즈오 노세루

4강

 **한 글자씩 써 보기** 히라가나 つ

우리말의 '츠'와 '추' 중간 소리로 발음하며, 단어의 첫 음이 아닌 경우는 '쯔'로 발음하기도 해요. 입술을 동그랗게 모으지 않은 채 소리 내는 연습을 하세요.

✏️ 따라 써 보자!

つ つ つ つ つ つ

 단어로 외워보자!

つゆ 장마
 츠 유

つゆ

つゆ   つゆ   つゆ

つゆ   つゆ   つゆ

✏️ 문장으로 외워보자!

つゆいりしました。 장마가 시작됐어요.
츠 유 이 리 시 마 시 따

52 마구로센세의 히라가나 가타카나 쓰기노트

4강

✏️ **한 글자씩 써 보기** 가타카나 ツ

우리말의 '츠'와 '추' 중간 소리로 발음하며, 단어의 첫 음이 아닌 경우는 '쯔'로 발음하기도 해요. 입술을 동그랗게 모으지 않은 채 소리 내는 연습을 하세요.
1, 2, 3획의 시작점이 위쪽 정렬이 되도록 쓰세요.

✏️ 따라 써 보자!

ツ　ツ　ツ　ツ　ツ　ツ

✏️ 단어로 외워보자!

ツインルーム 트윈 룸
츠 인 루 - 무

ツインルーム
ツインルーム　　ツインルーム
ツインルーム　　ツインルーム

✏️ 문장으로 외워보자!

ツインルームでよやくしました。 트윈 룸으로 예약했어요.
츠 인 루 - 무 데 요 야 꾸 시 마 시 따

✏️ 한 글자씩 써 보기 히라가나 て

우리말의 '테'와 '데' 중간 소리로 발음하며, 단어의 첫 음이 아닌 경우는 '떼'로 발음하기도 해요.

🖊️ 따라 써 보자!

て　て　て　て　て　て

🖊️ 단어로 외워보자!

てんき 날씨
  텡   끼

てんき

てんき　　てんき　　てんき

てんき　　てんき　　てんき

🖊️ 문장으로 외워보자!

てんきが いいですね。 날씨가 좋네요.
탱 끼 가 이이데스네

4강

✏️ **한 글자씩 써 보기** 가타카나 テ

우리말의 '테'와 '데' 중간 소리로 발음하며, 단어의 첫 음이 아닌 경우는 '떼'로 발음하기도 해요. 3획은 중앙에서 시작해서 왼쪽으로 비스듬히 내려서 쓰세요.

✏️ 따라 써 보자!

テ テ テ テ テ テ

✏️ 단어로 외워보자!

テレビ 텔레비전
테 레 비

テレビ

テレビ　テレビ　テレビ

テレビ　テレビ　テレビ

✏️ 문장으로 외워보자!

テレビを みて います。 텔레비전을 보고 있어요.
테레비오 미떼 이마스

4강

✏️ **한 글자씩 써 보기** 히라가나 と

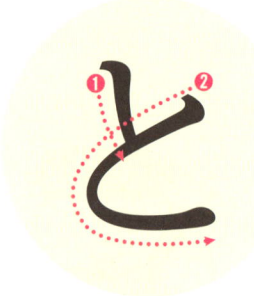

우리말의 '토'와 '도' 중간 소리로 발음하며, 단어의 첫 음이 아닌 경우는 '또'로 발음하기도 해요. 2획은 왼쪽 방향으로 둥글게 쓰세요.

✏️ 따라 써 보자!

と と と と と と

✏️ 단어로 외워보자!

とけい 시계
토 께   -

とけい

とけい   とけい   とけい

とけい   とけい   とけい

✏️ 문장으로 외워보자!

とけいが ない。 시계가 없다.
토 께 - 가 나 이

✏️ 한 글자씩 써 보기 가타카나 ト

우리말의 '토'와 '도' 중간 소리로 발음하며, 단어의 첫 음이 아닌 경우는 '또'로 발음하기도 해요.

✏️ 따라 써 보자!

ト　ト　ト　ト　ト

✏️ 단어로 외워보자!

 화장실
토　이　레

トイレ

トイレ　　トイレ　　トイレ
トイレ　　トイレ　　トイレ

✏️ 문장으로 외워보자!

トイレに いきたい。 화장실에 가고 싶다.
토 이 래 니 이 끼 타 이

1. 다시 한번 써 보세요.

たちつてと

タチツテト

2. 단어의 빈칸을 채우세요.

① 즐겁다 ___のしい [타노시-]

② 텀블러 ___ンブラー [탐브라-]

③ 지도 ___ず [치즈]

④ 치즈 ___ーズ [치-즈]

⑤ 장마 ___ゆ [츠유]

⑥ 트윈 룸 ___インルーム [츠인 루-ㅁ]

⑦ 날씨 ___んき [텡끼]

⑧ 텔레비전 ___レビ [테레비]

⑨ 시계 ___けい [토께-]

⑩ 화장실 ___イレ [토이레]

정답: ① た ② タ ③ ち ④ チ ⑤ つ ⑥ ツ ⑦ て ⑧ テ ⑨ と ⑩ ト

58 마구로센세의 히라가나 가타카나 쓰기노트

5강 히라가나 な행 / 가타카나 ナ행

강의 바로 가기

✏️ 한 눈에 보기

	나	니	누	네	노
히라가나	な	に	ぬ	ね	の
가타카나	ナ	ニ	ヌ	ネ	ノ

✏️ 단어장

단어	발음	뜻
なまえ	나마에	이름
ナイフ	나이후	칼
にほんご	니홍고	일본어
シドニー	시도니-	시드니
いぬ	이누	개
ヌードル	누-도르	누들, 면
ねこ	네꼬	고양이
ネクタイ	네끄타이	넥타이
のど	노도	목, 인후
ノート	노-또	노트

한 글자씩 써 보기 히라가나 な

우리말의 '나'와 비슷하게 발음하며, 4획은 둥글게 돌려서 쓰세요.

✏️ 따라 써 보자!

な　な　な　な　な　な

✏️ 단어로 외워보자!

なまえ 이름
　나　마　에

なまえ

なまえ　　なまえ　　なまえ

なまえ　　なまえ　　なまえ

✏️ 문장으로 외워보자!

なまえは なんですか。 이름이 뭐예요?
나마에와 난데스까

5강

✏️ **한 글자씩 써 보기** 가타카나 ナ

우리말의 '나'와 비슷하게 발음하며, 2획은 왼쪽 방향으로 휘도록 내려서 쓰세요.

✏️ 따라 써 보자!

ナ ナ ナ ナ ナ ナ

✏️ 단어로 외워보자!

ナイフ 칼
나　이　후

ナイフ

ナイフ　　　ナイフ　　　ナイフ

ナイフ　　　ナイフ　　　ナイフ

✏️ 문장으로 외워보자!

ナイフと フォーク 나이프와 포크
나 이 후 또　호 ― 크

5강 ✏️ 한 글자씩 써 보기 히라가나 に

우리말의 '니'와 비슷하게 발음하며, 입술을 양옆으로 당기지 않도록 가볍게 발음해요.

✏️ 따라 써 보자!

に　に　に　に　に　に

✏️ 단어로 외워보자!

にほんご 일본어
　니　홍　고

にほんご

にほんご　　にほんご　　にほんご

にほんご　　にほんご　　にほんご

✏️ 문장으로 외워보자!

にほんごを べんきょうする。 일본어를 공부한다.
니 홍 고 오　 벵 쿄 - 스 루

✏️ **한 글자씩 써 보기 가타카나 ニ**

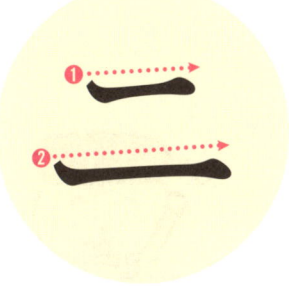

우리말의 'ニ'와 비슷하게 발음하며, 입술을 양옆으로 당기지 않도록 가볍게 발음해요.
2획을 1획보다 약간 길게 쓰세요.

✏️ 따라 써 보자!

ニ　ニ　ニ　ニ　ニ　ニ

✏️ 단어로 외워보자!

シドニー 시드니
시　도　니　-

シドニー

シドニー　　シドニー　　シドニー

シドニー　　シドニー　　シドニー

✏️ 문장으로 외워보자!

シドニーに すんでいる。 시드니에 살고 있다.
시 도 니 - 니 슨 데 이 루

✏️ **한 글자씩 써 보기** 히라가나 ぬ

우리말의 '누'와 '느'
중간 소리로 발음하며,
입술을 동그랗게 모으지 않은 채
발음해요.
2획은
끝을 둥글게 돌려서 쓰세요.

✏️ 따라 써 보자!

ぬ　ぬ　ぬ　ぬ　ぬ　ぬ

✏️ 단어로 외워보자!

いぬ 개
이　누

いぬ

いぬ　　　いぬ　　　いぬ

いぬ　　　いぬ　　　いぬ

✏️ 문장으로 외워보자!

いぬは かわいい。 개는 귀엽다.
이 누 와 카 와 이 -

5강

✏️ **한 글자씩 써 보기** 가타카나 ヌ

우리말의 '누'와 '느' 중간 소리로 발음하며, 입술을 동그랗게 모으지 않은 채 발음해요.
2획이 1획을 통과하게 쓰세요.

✏️ 따라 써 보자!

ヌ　ヌ　ヌ　ヌ　ヌ　ヌ

✏️ 단어로 외워보자!

ヌードル 누들, 면
누 - 도 르

ヌードル

ヌードル　　ヌードル　　ヌードル

ヌードル　　ヌードル　　ヌードル

✏️ 문장으로 외워보자!

カップヌードルは ゆうめいです。 컵누들*은 유명해요.
캅 뿌누 - 도 르 와 유 - 메 - 데스

*일본의 컵라면 브랜드

5강

✏️ **한 글자씩 써 보기** 히라가나 ね

우리말의 '네'와 비슷하게 발음하며, 2획은 오른쪽 방향으로 둥글게 내려서 쓰세요.

✏️ 따라 써 보자!

ね　ね　ね　ね　ね　ね

✏️ 단어로 외워보자!

ねこ 고양이
　네 꼬

ねこ

ねこ　　　ねこ　　　ねこ

ねこ　　　ねこ　　　ねこ

✏️ 문장으로 외워보자!

ねこを かう。 고양이를 기르다.
네 꼬 오 카 우

66 마구로센세의 히라가나 가타카나 쓰기노트

5강

한 글자씩 써 보기 가타카나 ネ

우리말의 '네'와 비슷하게 발음하며, 3획은 2획과 떨어지지 않게 쓰세요.

따라 써 보자!

ネ ネ ネ ネ ネ ネ

단어로 외워보자!

 넥타이
네 ㄱ 타 이

ネクタイ ネクタイ ネクタイ

문장으로 외워보자!

ネクタイが にあう。 넥타이가 어울리다.
네 ㄱ 타 이 가   니 아 우

 **한 글자씩 써 보기** 히라가나 の

우리말의 '노'와 비슷하게 발음하며, 입술이 너무 동그랗게 되지 않도록 가볍게 발음해요.

 따라 써 보자!

の　の　の　の　の　の

 단어로 외워보자!

のど 목, 인후
노 도

のど

のど　　　のど　　　のど
のど　　　のど　　　のど

✏️ 문장으로 외워보자!

のどが いたい。 목이 아프다.
노 도 가 이 따 이

5강

한 글자씩 써 보기 가타카나 ノ

우리말의 '노'와 비슷하게 발음하며, 입술이 너무 동그랗게 되지 않도록 가볍게 발음해요. 위에서 아래로 비스듬히 쓰세요.

✏️ 따라 써 보자!

ノ ノ ノ ノ ノ ノ

✏️ 단어로 외워보자!

ノート 노트
노 - 또

ノート

ノート　　ノート　　ノート

ノート　　ノート　　ノート

✏️ 문장으로 외워보자!

ノートに かく。 노트에 쓰다.
노 - 또니 카꾸

1. 다시 한번 써 보세요.

なにぬねの

ナニヌネノ

2. 단어의 빈칸을 채우세요.

① 이름　　　___まえ [나마에]

② 칼　　　　___イフ [나이후]

③ 일본어　　___ほんご [니홍고]

④ 시드니　　シド___ー [시도니-]

⑤ 개　　　　い___ [이누]

⑥ 누들, 면　___ードル [누-도루]

⑦ 고양이　　___こ [네꼬]

⑧ 넥타이　　___クタイ [네꾸타이]

⑨ 목　　　　___ど [노도]

⑩ 노트　　　___ート [노-또]

6강 히라가나 は행 가타카나 ハ행

 한 눈에 보기

	하/와	히	후	헤/에	호
히라가나	は	ひ	ふ	へ	ほ
가타카나	ハ	ヒ	フ	ヘ	ホ

단어장

단어	발음	뜻
はる	하루	봄
ハンバーガー	함바-가-	햄버거
ひとり	히또리	혼자, 한 명
ヒーター	히-따-	히터
ふじさん	후지상	후지산
フライ	후라이	프라이, 튀김
へや	헤야	방
ヘアスタイル	헤아 스타이루	헤어 스타일
ほん	홍	책
ホテル	호떼루	호텔

한 글자씩 써 보기 히라가나 は

우리말의 '하'와 비슷하게 발음하며, 조사 '은/는'으로 사용할 때는 '와'와 비슷하게 발음해요. 3획은 내려쓴 다음 끝을 돌려서 쓰세요.

✏️ 따라 써 보자!

は　は　は　は　は

✏️ 단어로 외워보자!

はる 봄
하　루

はる

はる　　　はる　　　はる

はる　　　はる　　　はる

✏️ 문장으로 외워보자!

はる は あたたかい。 봄은 따뜻하다.
하　루　와　아　따　따　까　이

6강

✏️ **한 글자씩 써 보기** 가타카나 ハ

우리말의 '하'와 비슷하게 발음하며, 두 획이 만나지 않게 쓰세요.

✏️ 따라 써 보자!

ハ ハ ハ ハ ハ ハ

✏️ 단어로 외워보자!

ハンバーガー 햄버거
함 바 - 가 -

ハンバーガー

ハンバーガー　　ハンバーガー

ハンバーガー　　ハンバーガー

✏️ 문장으로 외워보자!

ハンバーガーにする。햄버거로 하다.
함 바 - 가 - 니 스 루

마구로센세의 히라가나 가타카나 쓰기노트 **73**

한 글자씩 써 보기 히라가나 ひ

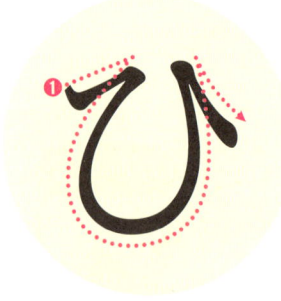

우리말의 '히'와 비슷하게 발음하며, 입술을 양옆으로 당기지 않도록 가볍게 발음해요.

✏️ 따라 써 보자!

ひ ひ ひ ひ ひ ひ

✏️ 단어로 외워보자!

ひとり 혼자, 한 명
히 또 리

ひとり

ひとり　　ひとり　　ひとり

ひとり　　ひとり　　ひとり

✏️ 문장으로 외워보자!

ひとりです。 한 명이에요.
히 또 리 데 스

✏️ **한 글자씩 써 보기** 가타카나 ヒ

우리말의 '히'와 비슷하게 발음하며, 입술을 양옆으로 당기지 않도록 가볍게 발음해요.
1획은 오른쪽으로 약간 올라가도록 비스듬하게 쓰세요.

✏️ 따라 써 보자!

ヒ ヒ ヒ ヒ ヒ ヒ

✏️ 단어로 외워보자!

ヒーター 히터
히 - 따 -

ヒーター

ヒーター   ヒーター   ヒーター

ヒーター   ヒーター   ヒーター

✏️ 문장으로 외워보자!

ヒーターをつける。 히터를 켜다.
히 - 따 - 오 츠께루

6강

✏️ **한 글자씩 써 보기** 히라가나 ふ

우리말의 '후'와 '흐' 중간 소리로 발음하며, 입술을 동그랗게 모으지 않은 채 발음해요.
서체에 따라서 「ふ」로 표기하기도 해요.

✏️ 따라 써 보자!

✏️ 단어로 외워보자!

ふじさん 후지산
후　지　상

ふじさん

ふじさん　　ふじさん　　ふじさん

ふじさん　　ふじさん　　ふじさん

✏️ 문장으로 외워보자!

ふじさんに のぼる。 후지산에 오르다.
후 지 산 니　노보루

6강

한 글자씩 써 보기 가타카나 フ

우리말의 '후'와 '흐' 중간 소리로 발음하며, 입술을 동그랗게 모으지 않은 채 발음해요.

✏️ 따라 써 보자!

フ　フ　フ　フ　フ　フ

✏️ 단어로 외워보자!

フライ　프라이, 튀김
후　라　이

フライ

フライ　　フライ　　フライ

フライ　　フライ　　フライ

✏️ 문장으로 외워보자!

えびフライを ちゅうもんする。 새우 튀김을 주문하다.
에 비 후 라 이 오 츄 - 몬 스 루

한 글자씩 써 보기 히라가나 へ

우리말의 '헤'와 비슷하게 발음하며, 조사 '에'로 사용할 때는 '에'와 비슷하게 발음해요.

✏️ 따라 써 보자!

へ   へ   へ   へ   へ   へ

✏️ 단어로 외워보자!

へや 방
헤 야

へや

へや   へや   へや

へや   へや   へや

✏️ 문장으로 외워보자!

へやが せまい。 방이 좁다.
헤 야 가 세 마 이

6강

✏️ **한 글자씩 써 보기 가타카나 ヘ**

우리말의 '헤'와 비슷하게 발음하며, 히라가나 へ와 생김새가 비슷해요.

✏️ 따라 써 보자!

ヘ　ヘ　ヘ　ヘ　ヘ　ヘ

✏️ 단어로 외워보자!

ヘアスタイル 헤어 스타일
헤 아 스 타 이 루

ヘアスタイル

ヘアスタイル　　　ヘアスタイル

ヘアスタイル　　　ヘアスタイル

✏️ 문장으로 외워보자!

ヘアスタイルが すてき。 헤어 스타일이 근사하다.
헤 아 스 타 이 루 가 스 떼 끼

마구로센세의 히라가나 가타카나 쓰기노트 **79**

6강

✏️ **한 글자씩 써 보기** 히라가나 ほ

우리말의 '호'와 비슷하게 발음하며, 입술이 너무 동그랗게 되지 않도록 가볍게 발음해요.

✏️ 따라 써 보자!

ほ ほ ほ ほ ほ

✏️ 단어로 외워보자!

ほん 책
홍

ほん

ほん　　　ほん　　　ほん

ほん　　　ほん　　　ほん

✏️ 문장으로 외워보자!

ほんを よみます。 책을 읽어요.
홍 오 요미마스

6강

✏️ **한 글자씩 써 보기** 가타카나 ホ

우리말의 '호'와
비슷하게 발음하며,
입술이 너무 동그랗게 되지 않도록
가볍게 발음해요.
3획과 4획이
대칭되도록 쓰세요.

✏️ 따라 써 보자!

ホ   ホ   ホ   ホ   ホ   ホ

✏️ 단어로 외워보자!

ホテル 호텔
호 떼 루

ホテル

ホテル   ホテル   ホテル

ホテル   ホテル   ホテル

✏️ 문장으로 외워보자!

ホテルに とまる。 호텔에 묵다.
호 떼 루 니 토 마 루

1. 다시 한번 써 보세요.

は ひ ふ へ ほ

ハ ヒ フ ヘ ホ

2. 단어의 빈칸을 채우세요.

① 봄　　　　　＿＿る [하루]
② 햄버거　　　＿＿ンバーガー [함바-가-]
③ 혼자, 한 명　＿＿とり [히또리]
④ 히터　　　　＿＿ーター [히-따-]
⑤ 후지산　　　＿＿じさん [후지상]
⑥ 프라이, 튀김　＿＿ライ [후라이]
⑦ 방　　　　　＿＿や [헤야]
⑧ 헤어 스타일　＿＿アスタイル [헤아 스타이루]
⑨ 책　　　　　＿＿ん [홍]
⑩ 호텔　　　　＿＿テル [호떼루]

정답 ① は ② ハ ③ ひ ④ ヒ ⑤ ふ ⑥ フ ⑦ へ ⑧ ヘ ⑨ ほ ⑩ ホ

7강

히라가나 ま행
가타카나 マ행

✏️ 한 눈에 보기

	마	미	무	메	모
히라가나	ま	み	む	め	も
가타카나	マ	ミ	ム	メ	モ

✏️ 단어장

단어	발음	뜻
まど	마도	창문
マヨネーズ	마요네-즈	마요네즈
みち	미찌	길
ミルクティー	미루끄띠-	밀크티
むし	무시	벌레
ゲーム	게-므	게임
めがね	메가네	안경
メールアドレス	메-루 아도레스	메일 주소
もうふ	모-후	담요
モーニングセット	모-닝그 세또	모닝 세트

✏️ **한 글자씩 써 보기** 히라가나 ま

우리말의 '마'와 비슷하게 발음하며, 3획은 수직으로 내려긋다가 끝부분을 둥글게 돌려서 쓰세요.

✏️ 따라 써 보자!

ま　ま　ま　ま　ま　ま

✏️ 단어로 외워보자!

まど 창문
마 도

まど

まど　　まど　　まど
まど　　まど　　まど

✏️ 문장으로 외워보자!

まどを あけて ください。 창문을 열어 주세요.
마 도 오 아 께 떼 쿠 다 사 이

7강

✏️ **한 글자씩 써 보기** 가타카나 マ

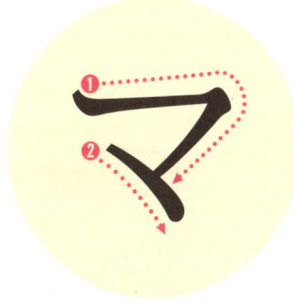

우리말의 '마'와 비슷하게 발음하며, 2획이 1획에 걸쳐지지 않게 쓰세요.

✏️ 따라 써 보자!

マ マ マ マ マ マ マ

✏️ 단어로 외워보자!

マヨネーズ 마요네즈
마 요 네 - 즈

マヨネーズ
マヨネーズ   マヨネーズ   マヨネーズ
マヨネーズ   マヨネーズ   マヨネーズ

✏️ 문장으로 외워보자!

マヨネーズを トーストに ぬる。 마요네즈를 토스트에 바른다.
마요네-즈오 토스또니 누루

7강

✏️ **한 글자씩 써 보기** 히라가나 み

우리말의 '미'와 비슷하게 발음하며,
입술을 양옆으로 당기지 않도록 가볍게 발음해요.
1획 가운데 부분에서
둥글게 돌려서 쓰고,
2획은 너무 길지 않게 쓰세요.

✏️ 따라 써 보자!

み　み　み　み　み　み

✏️ 단어로 외워보자!

みち 길
미 찌

みち

みち　　みち　　みち
みち　　みち　　みち

✏️ 문장으로 외워보자!

みちが こんで います。 길이 막혀요.
미찌가　콘데　이마스

7강

✏️ 한 글자씩 써 보기 가타카나 ミ

우리말의 '미'와 비슷하게 발음하며, 입술을 양옆으로 당기지 않도록 가볍게 발음해요. 세 획을 모두 왼쪽에서 오른쪽으로 비스듬하게 쓰세요.

✏️ 따라 써 보자!

ミ ミ ミ ミ ミ ミ

✏️ 단어로 외워보자!

ミルクティー 밀크티
미 루 끄 띠

ミルクティー

ミルクティー   ミルクティー

ミルクティー   ミルクティー

✏️ 문장으로 외워보자!

ミルクティーを のみたい。 밀크티를 마시고 싶다.
미루끄띠-오 노미따이

한 글자씩 써 보기 히라가나 む

우리말의 '무'와 '므' 중간 발음이며,
입술을 동그랗게 모으지 않은 채 발음해요.
서체에 따라서 「む」로 표기하기도 해요.
2획은 수직으로 내려쓰다가
둥글게 돌려서 쓰세요.

✏️ 따라 써 보자!

む　む　む　む　む　む

✏️ 단어로 외워보자!

むし 벌레
무　시

むし

むし　　　むし　　　むし
むし　　　むし　　　むし

✏️ 문장으로 외워보자!

むしが こわいです。 벌레가 무서워요.
무　시　가　코　와　이　데　스

7강

✏️ **한 글자씩 써 보기** 가타카나 ム

우리말의 '무'와 '므' 중간 발음이며, 입술을 동그랗게 모으지 않은 채 발음해요.

✏️ 따라 써 보자!

ム　ム　ム　ム　ム　ム

✏️ 단어로 외워보자!

ゲーム 게임
게 - 므

ゲーム

ゲーム　　ゲーム　　ゲーム

ゲーム　　ゲーム　　ゲーム

✏️ 문장으로 외워보자!

ゲームをしています。 게임을 하고 있어요.
게 - 므 오 시 떼 이 마 스

7강

✏️ **한 글자씩 써 보기** 히라가나 め

우리말의 '메'와 비슷하게 발음하며, 2획은 오른쪽 방향으로 돌려서 쓰세요.

✏️ 따라 써 보자!

め め め め め め

✏️ 단어로 외워보자!

めがね 안경
메 가 네

めがね

めがね めがね めがね

めがね めがね めがね

✏️ 문장으로 외워보자!

めがねを かけます。 안경을 씁니다.
메가네오 카께마스

7강

✏️ **한 글자씩 써 보기** 가타카나 メ

우리말의 '메'와 비슷하게 발음하며, 두 획 모두 사선으로 쓰고, 2획은 1획의 중앙을 통과해서 쓰세요.

✏️ 따라 써 보자!

メ メ メ メ メ メ

✏️ 단어로 외워보자!

メールアドレス 메일 주소
메 - 루 아 도 레 스

メールアドレス
メールアドレス   メールアドレス
メールアドレス   メールアドレス

✏️ 문장으로 외워보자!

メールアドレスを おしえて ください。 메일 주소를 알려 주세요.
메 - 루 아 도 레 스 오 오 시 에 떼 쿠 다 사 이

✏️ **한 글자씩 써 보기** 히라가나 も

우리말의 '모'와 비슷하게 발음하며, 입술이 너무 동그랗게 되지 않도록 가볍게 발음해요.

✏️ 따라 써 보자!

も　も　も　も　も　も

✏️ 단어로 외워보자!

もうふ 담요
모 - 후

もうふ

もうふ　　もうふ　　もうふ

もうふ　　もうふ　　もうふ

✏️ 문장으로 외워보자!

もうふを しく。 담요를 깔다.
모 - 후 오 시 쿠

✏️ **한 글자씩 써 보기** 가타카나 モ

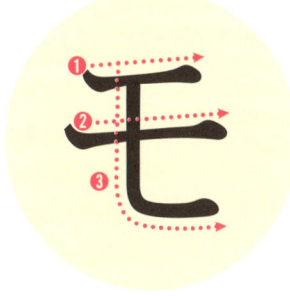

우리말의 '모'와 비슷하게 발음하며, 입술이 너무 동그랗게 되지 않도록 가볍게 발음해요.

✏️ 따라 써 보자!

モ モ モ モ モ モ

✏️ 단어로 외워보자!

モーニングセット 모닝 세트
모 - 닝 그 세 또

モーニングセット

モーニングセット　　モーニングセット

モーニングセット　　モーニングセット

✏️ 문장으로 외워보자!

モーニングセットの メニューを みせて ください。 모닝 세트 메뉴를 보여 주세요.
모 - 닝 그 세 또 노   메 뉴 -   오 미 세 떼   쿠 다 사 이

1. 다시 한번 써 보세요.

まみむめも

マミムメモ

2. 단어의 빈칸을 채우세요.

① 창문　　　　＿＿ど [마도]

② 마요네즈　　＿＿ヨネーズ [마요네-즈]

③ 길　　　　　＿＿ち [미찌]

④ 밀크티　　　＿＿ルクティー [미루끄띠-]

⑤ 벌레　　　　＿＿し [무시]

⑥ 게임　　　　ゲー＿＿ [게-므]

⑦ 안경　　　　＿＿がね [메가네]

⑧ 메일 주소　 ＿＿ールアドレス [메-루 아도레스]

⑨ 담요　　　　＿＿うふ [모-후]

⑩ 모닝 세트　 ＿＿ーニングセット [모-닝그 세또]

8강 히라가나 や행 / 가타카나 ヤ행

✏️ **한 눈에 보기**

	야	유	요
히라가나	や	ゆ	よ
가타카나	ヤ	ユ	ヨ

강의 바로 가기

✏️ **단어장**

단어	발음	뜻
やたい	야따이	포장마차
ヤクルト	야꾸르또	야쿠르트
ゆめ	유메	꿈
ユニクロ	유니끄로	유니클로
よやく	요야끄	예약
ヨーロッパ	요-롭빠	유럽

한 글자씩 써 보기 히라가나 や

우리말의 '야'와 비슷하게 발음하며, 2획은 짧게 쓰세요.

✏️ 따라 써 보자!

や や や や や や

✏️ 단어로 외워보자!

やたい 포장마차
야 따 이

やたい

やたい　　やたい　　やたい

やたい　　やたい　　やたい

✏️ 문장으로 외워보자!

やたいで ラーメンを たべた。 포장마차에서 라멘을 먹었다.
야 따이 데　라 - 멘 오　타 베 따

8강

✏️ **한 글자씩 써 보기** 가타카나 ヤ

우리말의 '야'와 비슷하게 발음하며, 2획은 1획과 비스듬히 교차해서 쓰세요.

✏️ 따라 써 보자!

ヤ　ヤ　ヤ　ヤ　ヤ　ヤ

✏️ 단어로 외워보자!

ヤクルト 야쿠르트
야　꾸　르　또

ヤクルト

ヤクルト　　ヤクルト　　ヤクルト

ヤクルト　　ヤクルト　　ヤクルト

✏️ 문장으로 외워보자!

ヤクルトを のんで います。 야쿠르트를 마시고 있어요.
야꾸르또오　논　데 이마스

📝 한 글자씩 써 보기 히라가나 ゆ

우리말의 '유'와 '으'
중간 발음이며,
입술을 동그랗게 모으지 않은 채
발음해요.
서체에 따라서 「ゆ」로
표기하기도 해요.

✏️ 따라 써 보자!

ゆ　ゆ　ゆ　ゆ　ゆ　ゆ

✏️ 단어로 외워보자!

ゆめ 꿈
유 메

ゆめ

ゆめ　　ゆめ　　ゆめ

ゆめ　　ゆめ　　ゆめ

✏️ 문장으로 외워보자!

ゆめは たいせつだ。 꿈은 소중하다.
유 메 와　타 이 세 쯔 다

8강

✏️ **한 글자씩 써 보기** 가타카나 ユ

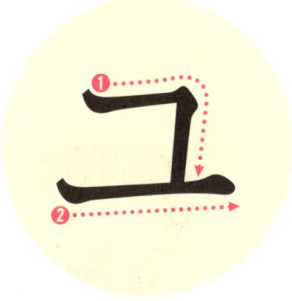

우리말의 '유'와 '으' 중간 발음이며, 입술을 동그랗게 모으지 않은 채 발음해요.
2획은 1획을 벗어날 만큼 길게 쓰세요.

✏️ 따라 써 보자!

ユ ユ ユ ユ ユ ユ

✏️ 단어로 외워보자!

ユニクロ 유니클로
유 니 끄 로

ユニクロ

ユニクロ   ユニクロ   ユニクロ

ユニクロ   ユニクロ   ユニクロ

✏️ 문장으로 외워보자!

ユニクロの セールが はじまりました。 유니클로의 세일이 시작됐어요.
유니끄로노 세-루가 하지마리마시따

✏️ **한 글자씩 써 보기** 히라가나 よ

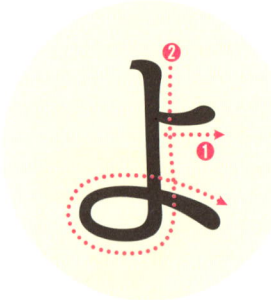

우리말의 '요'와 비슷하게 발음하며, 입술이 너무 동그랗게 되지 않도록 가볍게 발음해요.
1획은 2획을 넘어가지 않도록 짧게 쓰세요.

✏️ 따라 써 보자!

よ　よ　よ　よ　よ　よ

✏️ 단어로 외워보자!

よやく 예약
요　야　꾸

よやく

よやく　　　よやく　　　よやく

よやく　　　よやく　　　よやく

✏️ 문장으로 외워보자!

よやくを おねがいします。 예약을 부탁합니다.
요야꾸오 오네가이시마스

8강

한 글자씩 써 보기 가타카나 ヨ

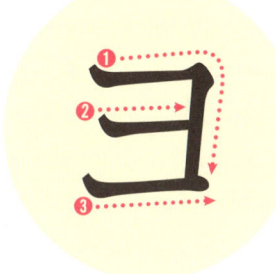

우리말의 '요'와 비슷하게 발음하며, 입술이 너무 동그랗게 되지 않도록 가볍게 발음해요.

✏️ 따라 써 보자!

ヨ ヨ ヨ ヨ ヨ ヨ

✏️ 단어로 외워보자!

ヨーロッパ 유럽
요 - 롭 빠

ヨーロッパ

ヨーロッパ　ユニクロ　ユニクロ

ヨーロッパ　ユニクロ　ユニクロ

문장으로 외워보자!

ヨーロッパに いきたいです。 유럽에 가고 싶어요.
요 - 롭 빠 니 이끼따이데스

1. 다시 한번 써 보세요.

や　ゆ　よ

ヤ　ユ　ヨ

2. 단어의 빈칸을 채우세요.

① 포장마차　　＿＿たい　[야따이]

② 야쿠르트　　＿＿クルト　[야꾸르또]

③ 꿈　　　　　＿＿め　[유메]

④ 유니클로　　＿＿ニクロ　[유니끄로]

⑤ 예약　　　　＿＿やく　[요야꾸]

⑥ 유럽　　　　＿＿ーロッパ　[요-롭빠]

9강 히라가나 ら행 가타카나 ラ행

강의 바로 가기

한 눈에 보기

	라	리	루	레	로
히라가나	ら	り	る	れ	ろ
가타카나	ラ	リ	ル	レ	ロ

단어장

단어	발음	뜻
らいしゅう	라이슈-	다음 주
ランチメニュー	란찌메뉴-	점심 메뉴
となり	토나리	이웃, 옆
リモコン	리모꽁	리모컨
ふるさと	후루사또	고향
プール	푸-르	수영장
れいぞうこ	레-조-꼬	냉장고
レストラン	레스또랑	레스토랑
ろくじ	로끄지	6시
ロビー	로비-	로비

한 글자씩 써 보기 히라가나 ら

우리말의 '라'와 비슷하게 발음하며, 서체에 따라서 「ら」로 표기하기도 해요.

✏️ 따라 써 보자!

ら　ら　ら　ら　ら　ら

✏️ 단어로 외워보자!

らいしゅう 다음 주
라 이 슈 -

らいしゅう

らいしゅう　らいしゅう　らいしゅう

らいしゅう　らいしゅう　らいしゅう

✏️ 문장으로 외워보자!

らいしゅうは いそがしいです。 다음 주는 바빠요.
라 이 슈 - 와 이소가시 - 데스

한 글자씩 써 보기 가타카나 ラ

우리말의 '라'와 비슷하게 발음하며, 두 획이 만나지 않게 쓰세요.

✏️ 따라 써 보자!

ラ ラ ラ ラ ラ ラ

✏️ 단어로 외워보자!

ランチメニュー 점심 메뉴
란 찌 메 뉴

ランチメニュー

ランチメニュー　　　ランチメニュー

ランチメニュー　　　ランチメニュー

✏️ 문장으로 외워보자!

ランチメニューは やすいです。 점심 메뉴는 저렴해요.
란 찌 메 뉴 - 와 야스이데스

9강

✏️ **한 글자씩 써 보기** 히라가나 り

우리말의 '리'와 비슷하게 발음하며, 입술을 양옆으로 당기지 않도록 가볍게 발음해요.
1획은 짧게, 2획은 길게 쓰세요.

✏️ 따라 써 보자!

り　り　り　り　り　り

✏️ 단어로 외워보자!

となり 이웃, 옆
토　나　리

となり

となり　　　となり　　　となり
となり　　　となり　　　となり

✏️ 문장으로 외워보자!

となりの せき 옆자리
토　나　리노　세끼

9강

✏️ **한 글자씩 써 보기** 가타카나 リ

우리말의 '리'와 비슷하게 발음하며, 입술을 양옆으로 당기지 않도록 가볍게 발음해요.
1획은 짧게, 2획은 길게 쓰세요.

✏️ 따라 써 보자!

リ   リ   リ   リ   リ   リ

✏️ 단어로 외워보자!

リモコン 리모컨
리 모 콘

リモコン

リモコン   リモコン   リモコン

リモコン   リモコン   リモコン

✏️ 문장으로 외워보자!

リモコンが みあたりません。 리모컨이 안 보여요.
리모콩가 미아따리마셍

9강

✏️ **한 글자씩 써 보기** 히라가나 る

우리말의 '루'와 '르'
중간 발음이며,
입술을 동그랗게 모으지 않은 채
발음해요.
1획의 마지막 부분을
닫힌 동그라미 형태로 쓰세요.

✏️ 따라 써 보자!

る　る　る　る　る　る

✏️ 단어로 외워보자!

ふるさと 고향
후　루　사　또

ふるさと

ふるさと　　ふるさと　　ふるさと

ふるさと　　ふるさと　　ふるさと

✏️ 문장으로 외워보자!

ふるさとに かえる。 고향에 돌아가다.
후 루 사 또 니　카 에 루

9강 ✏️ 한 글자씩 써 보기 가타카나 ル

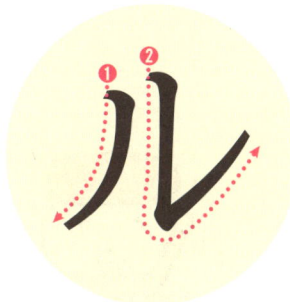

우리말의 '루' 와 '르' 중간 발음이며, 입술을 동그랗게 모으지 않은 채 발음해요. 2획은 세로로 그었다가 글자의 중간 높이까지 꺾어 올려 쓰세요.

✏️ 따라 써 보자!

ル　ル　ル　ル　ル　ル

✏️ 단어로 외워보자!

プール 수영장
푸 - 르

プール

プール　　プール　　プール

プール　　プール　　プール

✏️ 문장으로 외워보자!

プールで およぎます。 수영장에서 수영해요.
푸 - 르데 오요기마스

9강

✏️ **한 글자씩 써 보기** 히라가나 れ

우리말의 '레'와 비슷하게 발음하며, 2획의 끝부분을 밖으로 빼서 쓰세요.

✏️ 따라 써 보자!

れ　れ　れ　れ　れ

✏️ 단어로 외워보자!

れいぞうこ 냉장고
　레　　조　　꼬

れいぞうこ

れいぞうこ　　れいぞうこ　　れいぞうこ

れいぞうこ　　れいぞうこ　　れいぞうこ

✏️ 문장으로 외워보자!

れいぞうこが おおきい。 냉장고가 크다.
레　조　꼬가 오　끼이

9강

✏️ **한 글자씩 써 보기 가타카나 レ**

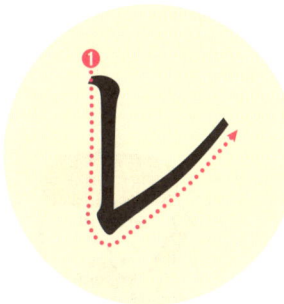

우리말의 '레'와 비슷하게 발음하며, 1획을 세로로 그었다가 글자의 중간 높이까지 꺾어 올려 쓰세요.

✏️ **따라 써 보자!**

レ レ レ レ レ レ

✏️ **단어로 외워보자!**

レストラン 레스토랑
레 스 또 랑

レストラン
レストラン   レストラン   レストラン
レストラン   レストラン   レストラン

✏️ **문장으로 외워보자!**

レストランを さがす。 레스토랑을 찾다.
레 스 또 랑 오   사 가 스

✏️ **한 글자씩 써 보기** 히라가나 ろ

우리말의 '로'와 비슷하게 발음하며, 입술이 너무 동그랗게 되지 않도록 가볍게 발음해요.

✏️ 따라 써 보자!

ろ　ろ　ろ　ろ　ろ　ろ

✏️ 단어로 외워보자!

 6시
로 꾸 지

ろくじ

ろくじ　　ろくじ　　ろくじ

ろくじ　　ろくじ　　ろくじ

✏️ 문장으로 외워보자!

ろくじに おきます。 6시에 일어나요.
로 꾸 지 니　오 끼 마 스

9강

한 글자씩 써 보기 가타카나 ロ

우리말의 '로'와 비슷하게 발음하며, 입술이 너무 동그랗게 되지 않도록 가볍게 발음해요.
4각이 모두 직각이 되게 쓰세요.

따라 써 보자!

ロ   ロ   ロ   ロ   ロ   ロ   ロ

단어로 외워보자!

ロビー 로비
로 비 -

ロビー

ロビー   ロビー   ロビー

ロビー   ロビー   ロビー

문장으로 외워보자!

ロビーで あいましょう。 로비에서 만납시다.
로 비 - 데 아 이 마 쇼 -

연습하기

1. 다시 한번 써 보세요.

らりるれろ

ラリルレロ

2. 단어의 빈칸을 채우세요.

① 다음 주   ___いしゅう [라이슈-]

② 점심 메뉴   ___ンチメニュー [란찌메뉴-]

③ 이웃, 옆   とな___ [토나리]

④ 리모컨   ___モコン [리모꽁]

⑤ 고향   ふ___さと [후루사또]

⑥ 수영장   プー___ [푸-르]

⑦ 냉장고   ___いぞうこ [레-조-꼬]

⑧ 레스토랑   ___ストラン [레스또랑]

⑨ 6시   ___くじ [로끄지]

⑩ 로비   ___ビー [로비-]

①ら ②ラ ③り ④リ ⑤る ⑥ル ⑦れ ⑧レ ⑨ろ ⑩ロ

10강

히라가나 わ행 그리고 ん
가타카나 ワ행 그리고 ン

✏️ 한 눈에 보기

	와	오	응
히라가나	わ	を	ん
가타카나	ワ	ヲ	ン

✏️ 단어장

단어	발음	뜻
わたし	와따시	나, 저
ワイン	와잉	와인
これを	코레오	이것을
かんこくじん	캉꼬꾸징	한국인
パン	팡	빵

10강 ✏️ 한 글자씩 써 보기 히라가나 わ

우리말의 '와'와 비슷하게 발음하며, 2획의 끝부분은 1획과 만나지 않도록 둥글게 돌려서 쓰세요.

✏️ 따라 써 보자!

わ わ わ わ わ わ

✏️ 단어로 외워보자!

わたし 나, 저
와 따 시

わたし

わたし　　わたし　　わたし

わたし　　わたし　　わたし

✏️ 문장으로 외워보자!

わたしは がくせいです。 저는 학생이에요.
와 따시와 가꾸세-데스

116 마구로센세의 히라가나 가타카나 쓰기노트

10강

✏️ **한 글자씩 써 보기** 가타카나 ワ

우리말의 '와'와 비슷하게 발음하며, 1획은 수직으로 짧게 내려긋고, 2획은 안쪽으로 꺾어서 쓰세요.

✏️ 따라 써 보자!

ワ　ワ　ワ　ワ　ワ　ワ

✏️ 단어로 외워보자!

ワイン 와인
　와　잉

ワイン

ワイン　　ワイン　　ワイン

ワイン　　ワイン　　ワイン

✏️ 문장으로 외워보자!

ワインを えらびます。 와인을 고릅니다.
와 잉 오 에 라 비 마 스

10강

✏️ **한 글자씩 써 보기** 히라가나 を

우리말의 '오'와 비슷하게 발음하며, 입술이 너무 둥그랗게 되지 않도록 가볍게 발음해요.
「を」는 '~을(를)'이라는 조사로만 쓰여요.

✏️ 따라 써 보자!

を を を を を を

✏️ 단어로 외워보자!

これを 이것을
코 레 오

これを

これを   これを   これを

これを   これを   これを

✏️ 문장으로 외워보자!

これを ください。 이것을 주세요.
코 레 오 쿠 다 사 이

118 마구로센세의 히라가나 가타카나 쓰기노트

10강

한 글자씩 써 보기 가타카나 ヲ

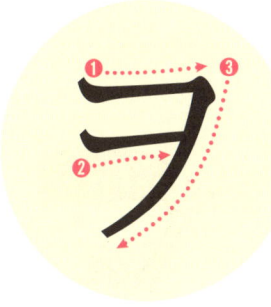

우리말의 '오'와 비슷하게 발음하며, 입술이 너무 동그랗게 되지 않도록 가볍게 발음해요. 조사로만 쓰이는 글자라서 가타카나「ヲ」는 흔히 사용되지는 않아요.

✏️ 따라 써 보자!

ヲ　ヲ　ヲ　ヲ　ヲ　ヲ

✏️ 한 글자씩 써 보기 히라가나 ん

우리말의 'ㄴ', 'ㅁ', 'ㅇ' 받침과 비슷하게 발음해요.
받침과 비슷한 역할을 하기 때문에
단어의 맨 앞에 오는 경우는 없어요.

✏️ 따라 써 보자!

ん　ん　ん　ん　ん　ん

✏️ 단어로 외워보자!

かんこくじん 한국인
캉　꼬　꾸　징

かんこくじん

かんこくじん　　　かんこくじん

かんこくじん　　　かんこくじん

✏️ 문장으로 외워보자!

かんこくじんです。 한국인입니다.
캉　꼬　꾸　징　데　스

10강 ✏️ 한 글자씩 써 보기 가타카나 ン

우리말의 'ㄴ', 'ㅁ', 'ㅇ' 받침과 비슷하게 발음해요. 받침과 비슷한 역할을 하기 때문에 단어의 맨 앞에 오는 경우는 없어요.
1, 2획의 시작점이 왼쪽 정렬이 되도록 쓰세요.

✏️ 따라 써 보자!

ン　ン　ン　ン　ン

✏️ 단어로 외워보자!

パン 빵

パン

パン　　パン　　パン

パン　　パン　　パン

✏️ 문장으로 외워보자!

パンを やきます。 빵을 구워요.

1. 다시 한번 써 보세요.

わ を ん

ワ ヲ ン

2. 단어의 빈칸을 채우세요.

① 나, 저　　　＿＿たし [와따시]

② 와인　　　　＿＿イン [와잉]

③ 이것을　　　これ＿＿ [코레오]

④ 한국인　　　か＿＿こくじ＿＿ [캉꼬꾸징]

⑤ 빵　　　　　パ＿＿ [팡]

1. 발음 표기와 일치하는 히라가나를 써 보세요.

우	케	소	타	니
후	메	야	리	오

2. 발음 표기와 일치하는 가타카나를 써 보세요.

에	쿠	시	치	노
하	메	유	라	와

CHAPTER 3
히라가나 · 가타카나 완성하기

1강

헷갈리기 쉬운 글자

히라가나 い・り [이・리]

강의 바로 가기

い **り**

い는 왼쪽 획이 길고, り는 오른쪽 획이 길어요.

✏️ 따라 써 보자!

い い い い
り り り り

히라가나 さ・ち [사・치]

さ **ち**

さ와 ち는 두 번째 획의 열려 있는 방향이 반대예요.

✏️ 따라 써 보자!

さ さ さ さ
ち ち ち ち

마구로센세의 히라가나 가타카나 쓰기노트 **125**

1강

헷갈리기 쉬운 글자

✏️ 히라가나 ぬ・め [누・메]

ぬ　め

ぬ는 두 번째 획을
원을 그리듯 매듭지어 주고,
め는 두 번째 획을
열린 상태에서 마무리해요.

✏️ 따라 써 보자!

ぬ ぬ ぬ ぬ

め め め め

✏️ 히라가나 る・ろ [루・로]

る　ろ

る는 끝부분을
둥글게 말아 매듭지어 주고,
ろ는 끝부분을 둥글게 말지 않고
열린 상태에서 마무리해요.

✏️ 따라 써 보자!

る る る る

ろ ろ ろ ろ

1강 헷갈리기 쉬운 글자

히라가나 ね・れ・わ [네・레・와]

ね　れ　わ

ね는 두 번째 획을 원을 그리듯 매듭지어 주고,
れ는 두 번째 획을 밖으로 빼 주고,
わ는 두 번째 획을 안으로 둥글게 돌려서 마무리해요.

✏️ 따라 써 보자!

ね ね ね ね
れ れ れ れ
わ わ わ わ

1강 헷갈리기 쉬운 글자

✏️ 가타카나 ア・マ [아·마]

ア　マ

ア는 두 번째 획이
왼쪽으로 향하며 길게 쭉 내려오며,
マ는 두 번째 획을
오른쪽 방향으로 짧게 써요.

✏️ 따라 써 보자!

ア ア ア ア
マ マ マ マ

✏️ 가타카나 ウ・ワ [우·와]

ウ　ワ

ウ는 위에
꼭지가 달려 있고,
ワ는 위에
꼭지가 없어요.

✏️ 따라 써 보자!

ウ ウ ウ ウ
ワ ワ ワ ワ

1강 헷갈리기 쉬운 글자

✏️ **가타카나** ク·ワ [쿠·와]

ク ワ

ク는 첫 번째 획과 두 번째 획이 모두 왼쪽으로 비스듬하고, ワ는 첫 번째 획을 직선으로 짧게 내리고 두 번째 획은 왼쪽으로 비스듬해요.

✏️ 따라 써 보자!

ク ク ク ク
ワ ワ ワ ワ

✏️ **가타카나** コ·ユ [코·유]

コ ユ

コ는 우리말의 'ㄷ'을 거꾸로 한 모양이고, ユ는 두 번째 획을 길게 그어서 첫 번째 획보다 오른쪽으로 더 길게 써요.

✏️ 따라 써 보자!

コ コ コ コ
ユ ユ ユ ユ

1강

헷갈리기 쉬운 글자

✏️ 가타카나 シ・ツ [시・츠]

シ는 세 개의 획의 시작점이 왼쪽 정렬이고,
ツ는 세 개의 획의 시작점이 위쪽 정렬이에요.

✏️ 따라 써 보자!

シ シ シ シ
ツ ツ ツ ツ

✏️ 가타카나 ス・ヌ [스・누]

ス는 우리말의 자음 'ㅈ' 모양과 유사하고,
ヌ는 두 번째 획이 첫 번째 획을 통과해요.

✏️ 따라 써 보자!

ス ス ス ス
ヌ ヌ ヌ ヌ

1강 헷갈리기 쉬운 글자

🖉 가타카나 ソ·ン [소·응]

ソ ン

ソ는 두 개의 획의 시작점이 위쪽 정렬이고,
ン는 두 개의 획의 시작점이 왼쪽 정렬이에요.

🖉 따라 써 보자!

ソ ソ ソ ソ ソ
ン ン ン ン ン

🖉 가타카나 テ·ラ [테·라]

テ ラ

テ는 총 3획으로
세 번째 획이 두 번째 획의
중앙 지점에서 내려오고,
ラ는 총 2획으로
두 번째 획이 끝부분에서
꺾어서 비스듬하게 내려와요.

🖉 따라 써 보자!

テ テ テ テ テ
ラ ラ ラ ラ ラ

2강 탁음과 반탁음

탁음(濁音)은
글자 오른쪽 위에 탁점을 붙인 글자를 말하고,
반탁음(半濁音)은
글자 오른쪽 위에 반탁점을 붙인 글자를 말해요.
탁점, 반탁점을 붙인 글자는 청음과 발음이 달라지는데요.
탁점을 붙일 수 있는 글자는 か、さ、た、は행이고,
반탁점을 붙일 수 있는 행은 は행이에요.
히라가나와 가타카나 모두 적용할 수 있어요.

❶ 청음

はす 연꽃
하 스

❷ 탁음

バス 버스(bus)
바 스

❸ 반탁음

パス 패스(pass)
파 스

2강

탁음과 반탁음

✏️ 한 눈에 보기 탁음

か행				
が ga 가	ぎ gi 기	ぐ gu 구	げ ge 게	ご go 고
ガ ga 가	ギ gi 기	グ gu 구	ゲ ge 게	ゴ go 고

さ행				
ざ za 자	じ ji 지	ず zu 즈	ぜ ze 제	ぞ zo 조
ザ za 자	ジ ji 지	ズ zu 즈	ゼ ze 제	ゾ zo 조

た행				
だ da 다	ぢ ji 지	づ zu 즈	で de 데	ど do 도
ダ da 다	ヂ ji 지	ヅ zu 즈	デ de 데	ド do 도

は행				
ば ba 바	び bi 비	ぶ bu 부	べ be 베	ぼ bo 보
バ ba 바	ビ bi 비	ブ bu 부	ベ be 베	ボ bo 보

✏️ 한 눈에 보기 반탁음

は행				
ぱ pa 파	ぴ pi 피	ぷ pu 푸	ぺ pe 페	ぽ po 포
パ pa 파	ピ pi 피	プ pu 푸	ペ pe 페	ポ po 포

2강

✏️ **한 글자씩 써 보기** 탁음

が ガ
우리말의 '가'와 비슷하게 발음해요.

✏️ 따라 써 보자!

が が が が
ガ ガ ガ ガ

✏️ 단어로 외워보자!

がいこく
가 이 코 쿠
외국

ガイド
가 이 도
안내, 가이드

ぎ ギ
우리말의 '기'와 비슷하게 발음해요.

✏️ 따라 써 보자!

ぎ ぎ ぎ ぎ
ギ ギ ギ ギ

✏️ 단어로 외워보자!

ぎんこう
긴 꼬 -
은행

ギョーザ
교 - 자
만두(중국식 만두)

✏️ 한 글자씩 써 보기 **탁음**

  우리말의 '그'와 '구' 중간 소리로 발음해요.

✏️ 따라 써 보자!

✏️ 단어로 외워보자!

ぐうぜん
구 - 젱
우연

グローバル
그 로 - 바 루
글로벌, 세계적인

  우리말의 '게'와 비슷하게 발음해요.

✏️ 따라 써 보자!

げ げ げ げ
ゲ ゲ ゲ ゲ

✏️ 단어로 외워보자!

げんき
겡 끼
건강, 활기

ゲスト
게 스 또
손님, 게스트

✏️ 한 글자씩 써 보기 탁음

  우리말의 '고'와 비슷하게 발음해요.

✏️ 따라 써 보자!

ご ご ご ご
ゴ ゴ ゴ ゴ

✏️ 단어로 외워보자!

ごめんなさい
고 멘 나 사 이
미안합니다, 죄송합니다

ゴルフ
고 르 흐
골프

  우리말의 '자'와 비슷하게 발음해요.

✏️ 따라 써 보자!

ざ ざ ざ ざ
ザ ザ ザ ザ

✏️ 단어로 외워보자!

ざせき
자 세 끼
좌석

ピザ
피 자
피자

2강

한 글자씩 써 보기 탁음

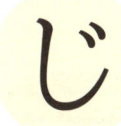 

우리말의 '지'와 비슷하게 발음해요.

✏️ 따라 써 보자!

じ じ じ じ
ジ ジ ジ ジ

✏️ 단어로 외워보자!

じかん
지 깡
시간

ジーンズ
지 - ㄴ 즈
청바지

ず

우리말의 'ㅈ'와 '주' 중간 소리로 발음해요.

✏️ 따라 써 보자!

ず ず ず ず
ズ ズ ズ ズ

✏️ 단어로 외워보자!

みず
미 즈
물

クイズ
쿠 이 즈
퀴즈

2강

✏️ **한 글자씩 써 보기** 탁음

ぜ ゼ

우리말의 '제'와 비슷하게 발음해요.

✏️ 따라 써 보자!

ぜ ぜ ぜ ぜ
ゼ ゼ ゼ ゼ

✏️ 단어로 외워보자!

めんぜい
멘 제 -
면세

ゼロ
제 로
제로

ぞ ゾ

우리말의 '조'와 비슷하게 발음해요.

✏️ 따라 써 보자!

ぞ ぞ ぞ ぞ
ゾ ゾ ゾ ゾ

✏️ 단어로 외워보자!

まんぞく
만 조 꾸
만족

アマゾン
아 마 종
아마존

2강

✏️ **한 글자씩 써 보기** 탁음

우리말의 '다'와 비슷하게 발음해요.

✏️ 따라 써 보자!

だ だ だ だ
ダ ダ ダ ダ

✏️ 단어로 외워보자!

だめ
다 메
안 됨, 불가능

ダイエット
다 이 엣 또
다이어트

우리말의 '지'와 비슷하게 발음해요.

✏️ 따라 써 보자!

ぢ ぢ ぢ ぢ
ヂ ヂ ヂ ヂ

✏️ 단어로 외워보자!

はなぢ
하 나 지
코피

チヂミ
치 지 미
한국식 부침개

2강

✏️ **한 글자씩 써 보기** 탁음

우리말의 '즈'와 '주' 중간 소리로 발음해요.
단 ヅ는 현대 일본어에서는 거의 사용되지 않아요.

✏️ 따라 써 보자!

づ づ づ づ

ヅ ヅ ヅ ヅ

✏️ 단어로 외워보자!

つづく
  츠 즈 꾸
계속되다

우리말의 '데'와 비슷하게 발음해요.

✏️ 따라 써 보자!

で で で で

デ デ デ デ

✏️ 단어로 외워보자!

でんわ
  뎅   와
전화

デパート
  데 빠 - 또
백화점

2강 🖊 한 글자씩 써 보기 탁음

ど ド

우리말의 '도'와 비슷하게 발음해요.

🖊 따라 써 보자!

ど ど ど ど
ド ド ド ド

🖊 단어로 외워보자!

どこ
도꼬
어디

ドラマ
도 라 마
드라마

ば バ

우리말의 '바'와 비슷하게 발음해요.

🖊 따라 써 보자!

ば ば ば ば
バ バ バ バ

🖊 단어로 외워보자!

ばんごはん
방 고 항
저녁 식사

バナナ
바 나 나
바나나

2강 ✏️ 한 글자씩 써 보기 **탁음**

び ビ
우리말의 '비'와 비슷하게 발음해요.

✏️ 따라 써 보자!

び び び び
ビ ビ ビ ビ

✏️ 단어로 외워보자!

びじゅつかん
비 쥬 쯔 깡
미술관

ビール
비 - 루
맥주

ぶ ブ
우리말의 '브'와 '부' 중간 소리로 발음해요.

✏️ 따라 써 보자!

ぶ ぶ ぶ ぶ
ブ ブ ブ ブ

✏️ 단어로 외워보자!

ぶた
부 따
돼지

ブログ
브 로 그
블로그

2강

한 글자씩 써 보기 **탁음**

べ ベ

우리말의 '베'와 비슷하게 발음해요.

✏️ 따라 써 보자!

べ べ べ べ
ベ ベ ベ ベ

✏️ 단어로 외워보자!

たべる
타 베 루
먹다

ベルト
베 르 또
벨트

ぼ ボ

우리말의 '보'와 비슷하게 발음해요.

✏️ 따라 써 보자!

ぼ ぼ ぼ ぼ
ボ ボ ボ ボ

✏️ 단어로 외워보자!

ぼく
보 꾸
나(남자가 자신을 가리키는 말)

ボタン
보 땅
버튼

2강 한 글자씩 써 보기 반탁음

ぱ　パ

단어의 첫머리에 올 때
우리말의 '파'와 비슷하게 발음하며,
그 외의 경우는
'빠'로 발음하기도 해요.

✏️ 따라 써 보자!

ぱ ぱ ぱ ぱ

パ パ パ パ

✏️ 단어로 외워보자!

しっぱい
싯　빠　이
실패

パスポート
파　스　뽀 - 또
여권

ぴ　ピ

단어의 첫머리에 올 때
우리말의 '피'와 비슷하게 발음하며,
그 외의 경우는
'삐'로 발음하기도 해요.

✏️ 따라 써 보자!

ぴ ぴ ぴ ぴ

ピ ピ ピ ピ

✏️ 단어로 외워보자!

ぴかぴか
피　까　삐　까
번쩍번쩍

ピアス
피　아　스
귀걸이

2강

✏️ **한 글자씩 써 보기** 반탁음

단어의 첫머리에 올 때 우리말의 '프'와 '푸' 중간 소리로 발음하며, 그 외의 경우는 '뿌'로 발음하기도 해요.

✏️ 따라 써 보자!

ぷ ぷ ぷ ぷ
プ プ プ プ

✏️ 단어로 외워보자!

てんぷら
템 뿌 라
튀김 요리의 일종

プリン
푸 링
푸딩

단어의 첫머리에 올 때 우리말의 '페'와 비슷하게 발음하며, 그 외의 경우는 '뻬'로 발음하기도 해요.

✏️ 따라 써 보자!

ぺ ぺ ぺ ぺ
ペ ペ ペ ペ

✏️ 단어로 외워보자!

ぺらぺら
페 라 뻬 라
유창하게 말하는 모습

ペン
펭
펜

2강  한 글자씩 써 보기 반탁음

ぽ ポ

단어의 첫머리에 올 때
우리말의 '포'와 비슷하게 발음하며,
그 외의 경우는
'뽀'로 발음하기도 해요.

✏️ 따라 써 보자!

ぽ ぽ ぽ ぽ
ポ ポ ポ ポ

✏️ 단어로 외워보자!

さっぽろ
삿 뽀 로
삿포로(일본 도시 이름)

ポケット
포 켓 또
주머니

3강 요음

요음(拗音)은
い단의 글자 오른쪽 아래에 や·ゆ·よ를 작게 붙여 써서
한 음절로 발음하는 문자예요.
단, い에는 붙이지 않아요.
이때 や·ゆ·よ를 작게 쓰지 않고
い단의 글자의 글자와 같은 크기로 쓰면,
다음과 같은 오류가 발생하니 주의하세요.
요음은 히라가나 가타카나 모두 적용할 수 있고,
청음 탁음 반탁음에도 그대로 사용할 수 있어요.

❶ **よ가 요음으로 쓰인 경우**

びょういん 병원
 뵤   -   잉

❷ **よ가 요음으로 쓰이지 않은 경우**

びよういん 미용원, 미용실
 비 요 - 잉

3강 한 눈에 보기 요음

きゃ kya 캬	きゅ kyu 큐	きょ kyo 쿄
キャ kya 캬	キュ kyu 큐	キョ kyo 쿄

し행

しゃ sha 샤	しゅ shu 슈	しょ sho 쇼
シャ sha 샤	シュ shu 슈	ショ sho 쇼

ち행

ちゃ cha 챠	ちゅ chu 츄	ちょ cho 쵸
チャ cha 챠	チュ chu 츄	チョ cho 쵸

に행

にゃ nya 냐	にゅ nyu 뉴	にょ nyo 뇨
ニャ nya 냐	ニュ nyu 뉴	ニョ nyo 뇨

ひ행

ひゃ hya 햐	ひゅ hyu 휴	ひょ hyo 효
ヒャ hya 햐	ヒュ hyu 휴	ヒョ hyo 효

み행

みゃ mya 먀	みゅ myu 뮤	みょ myo 묘
ミャ mya 먀	ミュ myu 뮤	ミョ myo 묘

り행

りゃ rya 랴	りゅ ryu 류	りょ ryo 료
リャ rya 랴	リュ ryu 류	リョ ryo 료

ぎ행

ぎゃ gya 갸	ぎゅ gyu 규	ぎょ gyo 교
ギャ gya 갸	ギュ gyu 규	ギョ gyo 교

じ행

じゃ ja 자	じゅ ju 주	じょ jo 조
ジャ ja 자	ジュ ju 주	ジョ jo 조

び행

びゃ bya 뱌	びゅ byu 뷰	びょ byo 뵤
ビャ bya 뱌	ビュ byu 뷰	ビョ byo 뵤

ぴ행

ぴゃ pya 퍄	ぴゅ pyu 퓨	ぴょ pyo 표
ピャ pya 퍄	ピュ pyu 퓨	ピョ pyo 표

3강 ✏️ 한 글자씩 써 보기 요음

きゃ キャ

우리말의 '캬'와 '갸' 중간 소리로 발음해요.

✏️ 따라 써 보자!

| きゃ | きゃ | | | |
| キャ | キャ | | | |

✏️ 단어로 외워보자!

キャンプ 캠프, 야영
캄　　쁘

きゅ キュ

우리말의 '큐'와 '규' 중간 소리로 발음해요.

✏️ 따라 써 보자!

| きゅ | きゅ | | | |
| キュ | キュ | | | |

✏️ 단어로 외워보자!

きゅうり 오이
큐　ー　리

3강

✏️ **한 글자씩 써 보기** 요음

| きょ | キョ | 우리말의 '쿄'와 '교' 중간 소리로 발음해요. |

✏️ 따라 써 보자!

きょ　きょ
キョ　キョ

✏️ 단어로 외워보자!

きょう 오늘
쿄

| しゃ | シャ | 우리말의 '샤'와 비슷하게 발음해요. |

✏️ 따라 써 보자!

しゃ　しゃ
シャ　シャ

✏️ 단어로 외워보자!

しゃしん 사진
샤　싱

✏️ **한 글자씩 써 보기** 요음

| しゅ | シュ | 우리말의 '슈'와 비슷하게 발음해요. |

✏️ 따라 써 보자!

しゅ　しゅ
シュ　シュ

✏️ 단어로 외워보자!

しゅみ 취미
　슈　미

| しょ | ショ | 우리말의 '쇼'와 비슷하게 발음해요. |

✏️ 따라 써 보자!

しょ　しょ
ショ　ショ

✏️ 단어로 외워보자!

ショッピング 쇼핑
　쇼　 ㅅ뼁　　 그

3강

✏️ **한 글자씩 써 보기** 요음

| ちゃ チャ | 우리말의 '차'와 '자' 중간 소리로 발음해요. |

✏️ 따라 써 보자!

ちゃ ちゃ
チャ チャ

✏️ 단어로 외워보자!

チャンス 기회
　찬　　스

| ちゅ チュ | 우리말의 '추'와 '주' 중간 소리로 발음해요. |

✏️ 따라 써 보자!

ちゅ ちゅ
チュ チュ

✏️ 단어로 외워보자!

ちゅうごく 중국
　추　-　고　꾸

3강

✏️ **한 글자씩 써 보기** 요음

ちょ チョ

우리말의 '초'와 '조' 중간 소리로 발음해요.

✏️ 따라 써 보자!

| ちょ | ちょ | | | |
| チョ | チョ | | | |

✏️ 단어로 외워보자!

ちょっと 좀, 잠깐
촛 또

にゃ ニャ

우리말의 '냐'와 비슷하게 발음해요.

✏️ 따라 써 보자!

| にゃ | にゃ | | | |
| ニャ | ニャ | | | |

✏️ 단어로 외워보자!

こんにゃく 곤약
콘 냐 꾸

3강

✏️ **한 글자씩 써 보기** 요음

にゅ ニュ

우리말의 '뉴'와 비슷하게 발음해요.

✏️ 따라 써 보자!

にゅ にゅ

ニュ ニュ

✏️ 단어로 외워보자!

ニュース 뉴스
뉴 - 스

にょ ニョ

우리말의 '뇨'와 비슷하게 발음해요.

✏️ 따라 써 보자!

にょ にょ

ニョ ニョ

✏️ 단어로 외워보자!

にょうぼう 아내
뇨 - 보

3강

✏️ **한 글자씩 써 보기** 요음

ひゃ ヒャ

우리말의 '햐'와 비슷하게 발음해요.

✏️ 따라 써 보자!

ひゃ ひゃ

ヒャ ヒャ

✏️ 단어로 외워보자!

ひゃく 100, 백
햐 꾸

ひゅ ヒュ

우리말의 '휴'와 비슷하게 발음해요.

✏️ 따라 써 보자!

ひゅ ひゅ

ヒュ ヒュ

✏️ 단어로 외워보자!

ヒューマニズム 인본주의, 인도주의
휴 - 마 니 즈 므

3강 ✏️ 한 글자씩 써 보기 요음

| ひょ | ヒョ | 우리말의 '효'와 비슷하게 발음해요. |

✏️ 따라 써 보자!

ひょ　ひょ

ヒョ　ヒョ

✏️ 단어로 외워보자!

ひょうじょう 표정
　효　　죠

| みゃ | ミャ | 우리말의 '먀'와 비슷하게 발음해요. |

✏️ 따라 써 보자!

みゃ　みゃ

ミャ　ミャ

✏️ 단어로 외워보자!

ミャンマー 미얀마
　먐　　마

3강 한 글자씩 써 보기 요음

| みゆ | ミユ |

우리말의 '뮤'와 비슷하게 발음해요.

✏️ 따라 써 보자!

みゆ　みゆ

ミユ　ミユ

✏️ 단어로 외워보자!

ミュージアム 박물관
뮤 - 지 아 무

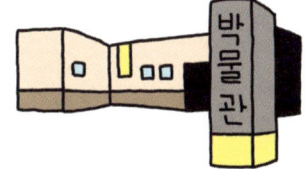

| みょ | ミョ |

우리말의 '묘'와 비슷하게 발음해요.

✏️ 따라 써 보자!

みょ　みょ

ミョ　ミョ

✏️ 단어로 외워보자!

みょうじ 성씨, 성
묘 - 지

3강 ✏️ 한 글자씩 써 보기 요음

りゃ リャ
우리말의 '랴'와 비슷하게 발음해요.

✏️ 따라 써 보자!

りゃ　りゃ

リャ　リャ

✏️ 단어로 외워보자!

りゃくご 약어, 준말
　랴　 끄　 고

りゅ リュ
우리말의 '류'와 비슷하게 발음해요.

✏️ 따라 써 보자!

りゅ　りゅ

リュ　リュ

✏️ 단어로 외워보자!

りゅうがく 유학
　류　ー　가　쿠

3강

✏️ **한 글자씩 써 보기** 요음

りょ リョ

우리말의 '료'와 비슷하게 발음해요.

✏️ 따라 써 보자!

りょ	りょ			
リョ	リョ			

✏️ 단어로 외워보자!

りょうり 요리
　료　　리

ぎゃ ギャ

우리말의 '갸'와 비슷하게 발음해요.

✏️ 따라 써 보자!

ぎゃ	ぎゃ			
ギャ	ギャ			

✏️ 단어로 외워보자!

ギャグ 개그
　갸　　그

3강

✏️ **한 글자씩 써 보기** 요음

ぎゅ ギュ

우리말의 '규'와 비슷하게 발음해요.

✏️ 따라 써 보자!

ぎゅ　ぎゅ
ギュ　ギュ

✏️ 단어로 외워보자!

ぎゅうにく 소고기
　규　　　니　쿠

ぎょ ギョ

우리말의 '교'와 비슷하게 발음해요.

✏️ 따라 써 보자!

ぎょ　ぎょ
ギョ　ギョ

✏️ 단어로 외워보자!

そつぎょう 졸업
　소　쯔　교

✏️ **한 글자씩 써 보기** 요음

じゃ ジャ

우리말의 '쟈'와 비슷하게 발음해요.

✏️ 따라 써 보자!

| じゃ | じゃ | | | |
| ジャ | ジャ | | | |

✏️ 단어로 외워보자!

ジャム 잼
쟈 무

じゅ ジュ

우리말의 '쥬'와 비슷하게 발음해요.

✏️ 따라 써 보자!

| じゅ | じゅ | | | |
| ジュ | ジュ | | | |

✏️ 단어로 외워보자!

ジュース 주스
쥬 ー 스

✏️ **한 글자씩 써 보기** 요음

じょ ジョ

우리말의 '죠'와 비슷하게 발음해요.

✏️ 따라 써 보자!

じょ じょ
ジョ ジョ

✏️ 단어로 외워보자!

ジョギング 조깅
죠　깅　그

びゃ ビャ

우리말의 '뱌'와 비슷하게 발음해요.

✏️ 따라 써 보자!

びゃ びゃ
ビャ ビャ

✏️ 단어로 외워보자!

さんびゃく 300, 삼백
삼　뱌　쿠

3강  한 글자씩 써 보기 요음

びゅ ビュ
우리말의 '뷰'와 비슷하게 발음해요.

✏️ 따라 써 보자!

びゅ　びゅ
ビュ　ビュ

✏️ 단어로 외워보자!

デビュー 데뷔
데　뷰

びょ ビョ
우리말의 '뵤'와 비슷하게 발음해요.

✏️ 따라 써 보자!

びょ　びょ
ビョ　ビョ

✏️ 단어로 외워보자!

びょうき 병, 질병
뵤　－　끼

한 글자씩 써 보기 요음

| ぴゃ | ピャ |

우리말의 '퍄'와 비슷하게 발음해요.
단어의 첫머리에 오지 않으면
'뺘'로 발음하기도 해요.

✏️ 따라 써 보자!

| ぴゃ | ぴゃ |
| ピャ | ピャ |

✏️ 단어로 외워보자!

はっぴゃく 800, 팔백
　핫　　빠　　쿠

| ぴゅ | ピュ |

우리말의 '퓨'와 비슷하게 발음해요.
단어의 첫머리에 오지 않으면
'쀼'로 발음하기도 해요.

✏️ 따라 써 보자!

| ぴゅ | ぴゅ |
| ピュ | ピュ |

✏️ 단어로 외워보자!

コンピューター 컴퓨터
　콤　　　쀼　　　타

3강 ✏️ 한 글자씩 써 보기 요음

ぴょ ピョ

우리말의 '표'와 비슷하게 발음해요. 단어의 첫머리에 오지 않으면 '뾰'로 발음하기도 해요.

따라 써 보자!

ぴょ ぴょ
ピョ ピョ

단어로 외워보자!

はっぴょう 발표
합   뾰

4강 촉음과 발음

촉음

촉음(促音)은 작은 っ로 뒤에 따라오는 글자에 따라서
소리가 다르게 나요.
우리말의 받침과 비슷한 역할을 하지만,
다른 점은 한 음절의 길이를 갖는다는 거예요.
이때 っ를 작게 쓰지 않고
앞 글자의 글자와 같은 크기로 쓰면,
다음과 같은 오류가 발생하니 주의하세요.

① っ를 작게 쓸 때

いっか　1과(1課)
　익　카

② っ를 작게 쓰지 않고 앞 글자의 글자와 같은 크기일 때

いつか　언젠가
　이　쓰　카

4강

✏️ **한 단어씩 써 보기 [-ㄱ]로 발음 っ + か행**

にっき 일기
닉 끼

さっか 작가
삭 까

✏️ 따라 써 보자!

にっき　　にっき　　にっき

さっか　　さっか　　さっか

✏️ **한 단어씩 써 보기 [-ㅅ]로 발음 っ + さ・た 행**

ざっし 잡지
잣 시

みっつ 세 개
밋 쯔

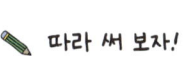 따라 써 보자!

ざっし　　ざっし　　ざっし

みっつ　　みっつ　　みっつ

4강

✏️ **한 단어씩 써 보기** [-ㅂ]로 발음 っ + ぱ행

いっぱい 가득
입 빠 이

きっぷ 표
킵 뿌

✏️ 따라 써 보자!

いっぱい　いっぱい　いっぱい

きっぷ　きっぷ　きっぷ

4강 촉음과 발음

발음

발음(撥音) 50음도에서 마지막 글자인 ん이며,
뒤에 따라오는 글자에 따라서 음이 다르게 소리 나요.
우리말의 받침과 비슷한 역할을 하지만,
다른 점은 발음이 한 음절의 길이를 갖는다는 거예요.

강의 바로 가기

한 단어씩 써 보기
[-ㄴ]로 발음 ん + さ・ざ・た・だ・な・ら행

せんたく 선택
센 따 꾸

もんだい 문제
몬 다 이

✏️ 따라 써 보자!

| せんたく | せんたく | せんたく | _____ |

| もんだい | もんだい | もんだい | _____ |

✏️ **한 단어씩 써 보기**
[-ㅁ]로 발음 ん + ま・ば・ぱ 행

さんぽ 산책
　삼　뽀

かんぱい 건배
　감　빠　이

✏️ 따라 써 보자!

さんぽ	さんぽ	さんぽ

かんぱい	かんぱい	かんぱい

✏️ **한 단어씩 써 보기 [-ㅇ]로 발음 ん + か・が행**

にんき 인기
　닝　끼

まんが 만화
　망　가

✏️ 따라 써 보자!

にんき	にんき	にんき

まんが	まんが	まんが

4강

한 단어씩 써 보기
[-ㄴ] 또는 [-ㅇ]로 발음 ん + あ・は・や・わ행

でんわ 전화
뎅 와

ほんや 서점
홍 야

✏️ 따라 써 보자!

でんわ　　でんわ　　でんわ

ほんや　　ほんや　　ほんや

장음

강의 바로 가기

あ·い·う·え·お 앞에 같은 단의 글자가 오면
앞에 오는 글자를 장음으로 발음할 수 있어요.
가타카나의 경우는 ―로 표기해요.
이때 정확하게 구별해서 발음하지 않으면,
다음과 같은 오류가 발생하니 주의하세요.

① 장음으로 발음 되지 않을 때

おばさん 아주머니, 이모, 고모
오 바 상

② 장음으로 발음 될 때

おばあさん 할머니
오 바 - 상

5강

✏️ **한 단어씩 써 보기** あ단 뒤에 あ

おばあさん 할머니
오바-상

おかあさん 어머니
오까-상

✏️ 따라 써 보자!

| おばあさん | おばあさん | おばあさん |

| おかあさん | おかあさん | おかあさん |

✏️ **한 단어씩 써 보기** い단 뒤에 い

おじいさん 할아버지
오지-상

おにいさん 형, 오빠
오니-상

✏️ 따라 써 보자!

| おじいさん | おじいさん | おじいさん |

| おにいさん | おにいさん | おにいさん |

마구로센세의 히라가나 가타카나 쓰기노트 **173**

5강

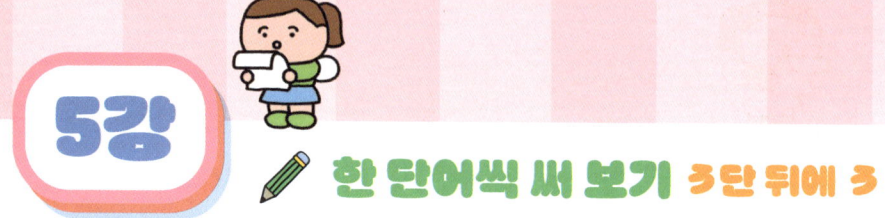

✏️ **한 단어씩 써 보기** 3단 뒤에 3

せんしゅう 지난 주
센　슈

りゅう 이유
리　유

✏️ 따라 써 보자!

せんしゅう　　せんしゅう　　せんしゅう

りゅう　　りゅう　　りゅう

✏️ **한 단어씩 써 보기** え단 뒤에 え또는 い

えいが 영화
에　가

おねえさん 누나, 언니
오　네　　상

✏️ 따라 써 보자!

えいが　　えいが　　えいが

おねえさん　　おねえさん　　おねえさん

5강

✏️ **한 단어씩 써 보기** お단 뒤에 お또는う

こうこう 고교(고등학교)
코 - 꼬

こおり 얼음
코 - 리

✏️ 따라 써 보자!

こうこう　こうこう　こうこう

こおり　こおり　こおり

글 최유리

「유리센 일본어」 유튜브 채널 바로가기

일본 무사시노 미술대학교, 이화여자대학교 대학원을 졸업했다. 현재 시원스쿨 일본어/한국어 공동 대표 강사이며, 일본어 학습 유튜브 채널인 「유리센 일본어」도 운영하고 있다. 저서로 『JLPT N5 초급 일본어 문법 24』『JLPT N4 초중급 일본어 문법 28』『JLPT N3 중급 일본어 문법 54』『한권 한달 완성 일본어 말하기 시리즈 1-3권』『기초/실전 일본어 말하기 훈련』『마구로센세의 여행 일본어 마스터』『마구로센세의 본격! 일본어 스터디 1-5권』『루스 베네딕트의 국화와 칼』『Go! 독학 일본어 첫걸음』 등이 있다.

초판 1쇄 펴낸 날 | 2025년 6월 27일

지은이 | 최유리
펴낸이 | 홍정우
펴낸곳 | 브레인스토어

책임편집 | 김다니엘
편집진행 | 이은수, 박혜림
디자인 | 이예슬
마케팅 | 방경희

주소 | (03908) 서울시 마포구 월드컵북로 375, DMC이안상암1단지 2303호
전화 | (02)3275-2915~7
팩스 | (02)3275-2918
이메일 | brainstore@publishing.by-works.com
블로그 | http://blog.naver.com/brain_store
인스타그램 | https://instagram.com/brainstore_publishing

등록 | 2007년 11월 30일(제313-2007-000238호)

© 브레인스토어, 최유리, 2025
ISBN 979-11-6978-056-8(03730)

* 이 책은 저작권법에 따라 보호받는 저작물이므로 무단전재와 무단복제를 금하며, 이 책 내용의 전부 또는 일부를 이용하려면 반드시 저작권자와 브레인스토어의 서면 동의를 받아야 합니다.